De la
Motivación
a la
Acción

Mark Alexander Peale

De la Motivación a la Acción

Brainstorm Press

De la Motivación a la Acción

Brainstorm Press
1669 N.W. 144 Terrace, Suite 210
Sunrise, Florida 33323
www.brainstormpress.net
Estados Unidos

Editorial dedicada a la difusión de libros y audiolibros de desarrollo personal, crecimiento personal, liderazgo y motivación.

ISBN 13: 978-193105-999-2
ISBN 10: 1-931059-99-3

Printed in the United States of America
Impreso en Estados Unidos

10   11   12   13   14   R|UH   09   08   07   06   05

Índice

INTRODUCCIÓN

$\mathcal{E}$l enemigo número uno del éxito no es el fracaso, ni la falta de oportunidades, talento, dinero, educación o apoyo, sino la falta de acción. Muchas ideas mueren más por falta de acción que por cualquier otro motivo; ideas que pudieron haber cambiado, no sólo la vida de aquellos que las concibieron, sino también el curso de la humanidad.

Uno de los pensamientos de Norman Vincent Peale que más impacto tuvo en mi vida fue el siguiente: "La acción es el gran restaurador de la seguridad y la autoestima. La inactividad no sólo es el resultado, sino la causa, del temor. Es posible que la acción que decidas tomar sea la indicada; o es probable que debas alterar tu plan o actuar de otra manera. Sin embargo, cualquier acción es mejor que no hacer nada".

Hace algún tiempo, mientras realizaba la investigación inicial para el desarrollo de esta obra, mi gran amigo Daniel M. Richards se encontraba trabajando en su libro *El poder de la persistencia*. Su intención era mostrar que la persistencia había sido la principal causante de muchas de las historias de éxito que han moldeado el curso de la humanidad. En algunas de las conversaciones que sostuvimos, yo insistía en que la habilidad más importante de muchas de estas personas había sido su capacidad para actuar de manera rápida y decidida, mientras él insistía que había sido su perseverancia y tenacidad las que las habían llevado a encontrar el camino al éxito. Al no poder ponernos de acuerdo, nos propusimos trabajar paralelamente, manteniendo una estructura y estilo similares, para mostrar cuál de los dos estaba en lo cierto. Al igual que tú, yo sé que la persistencia es vital para lograr cualquier meta, no obstante, hay algo que debe ocurrir antes de que una persona deba sacar a relucir dicha cualidad, ella debe estar persiguiendo activamente una meta, lo cual implica que ya ha encontrado una razón que la ha motivado a actuar. Y ese, precisamente es el objetivo de este libro: descubrir qué nos motiva a actuar.

¿Qué motiva a las personas a actuar? ¿Qué las impulsa a salir tras sus metas y a no darse por vencidas hasta verlas realizadas? ¿De dónde proviene la fuerza que les permite levantarse una y otra vez y perseverar en el logro de sus sueños a pesar de las dificultades, obstáculos, o problemas que puedan estar enfrentando?

Para entender el origen de esta fuerza invisible que le da a las personas ordinarias un poder extraordinario, debemos empezar por entender que la palabra "motivación" es una palabra compuesta por otras dos: motivo y acción. Es decir, aquel motivo que nos impulsa a actuar.

Todos actuamos impulsados por diferentes motivos. Algunos iniciamos un negocio motivados por el deseo de tener una mayor autonomía sobre nuestro futuro financiero, otros, por el sentimiento de libertad e independencia que nos produce saber que tenemos mucho más control sobre nuestro entorno y nuestras circunstancias, o quizás, por el beneficio que creemos que dicha empresa traerá a otras personas.

Algunas de las personas que descubrirás en las siguientes páginas, actuaron motivadas por la búsqueda del bien común; impulsadas por la oportunidad de influir en los demás. Otras, actuaron motivadas por el logro de metas personales que les permitieran avanzar y crecer. Su impulso fue la necesidad de realización, de ser lo que podían ser, de utilizar y aprovechar plenamente su capacidad y su potencial.

La gran mayoría de ellas fueron las primeras en sus familias en asumir los riesgos asociados con aventurarse en la búsqueda de nuevas direcciones. Quizás no fueron las más veloces, ni las más talentosas, ni las que mayores ventajas tenían. Su éxito fue simplemente el resultado de haber perseguido con empeño aquel motivo que las impulsó a actuar.

Este impulso interior puede ser un deseo, un instinto, un sueño, una pasión, una emoción, un estado de ánimo, o una meta. Su objetivo es poner en marcha una acción con el fin de producir resultados concretos.

Si sabemos exactamente cuáles son estos motivos, estos resultados que perseguimos, y realizamos tareas en función de ellos, aprovecharemos mejor nuestro potencial y aumentará nuestra productividad personal. Puesto que todos estos estímulos se encuentran en nuestro interior, cuando hablamos del poder de la motivación, en realidad estamos refiriéndonos al poder para automotivarnos.

Quizá la mayor fuerza motivacional que opera en el ser humano es el deseo de ver sus sueños cumplidos. Sin duda, no hay nada que nos motive más a actuar y perseverar hasta lograr nuestro cometido, que la posibilidad de ver nuestras metas hechas realidad.

Cuando decimos que estamos motivados, nos referimos a que tenemos la voluntad para hacer algo y que, además, estamos dispuestos a perseverar en el esfuerzo que eso implica durante el tiempo que sea necesario para conseguir el objetivo esperado.

Todas las historias de éxito que encontrarás a lo largo de esta obra son el resultado de la profunda motivación de hombres y mujeres para quienes el fracaso simplemente no era una opción.

Cada una de ellas desarrolló y conservó un alto nivel de motivación enfocándose siempre en sus objetivos, conservando una actitud positiva y optimista frente a la vida y cultivando hábitos y virtudes coherentes con sus valores y principios más profundos.

En cada capítulo descubrirás una de estas virtudes y podrás apreciar cómo éstas ayudaron a dichas personas a mantener una gran motivación. Como verás, en muchas ocasiones, su motivación fue el único soporte en los momentos más difíciles que debieron enfrentar; porque el camino al éxito está lleno de altibajos, de altos picos donde predominan los logros y la certidumbre y profundos valles donde reina la duda y la soledad de las caídas. Si queremos alcanzar los objetivos que nos hemos propuesto, debemos armarnos de un gran entusiasmo y una actitud mental positiva que nos permita sobrellevar los momentos difíciles.

Ralph Waldo Emerson solía decir: "nada se logra sin entusiasmo. Existe algo extraordinario acerca de esta cualidad; algo que saca a relucir lo mejor de cada uno de nosotros. El verdadero derrotado es aquel que ha perdido su entusiasmo. Si una persona lo pierde todo excepto su entusiasmo, pronto encontrará de nuevo el camino hacia el éxito".

Confío en que esta obra te ayudará a crear y mantener el nivel de motivación que necesites para lograr todo lo que te has propuesto, especialmente cuando enfrentes tus momentos más difíciles. Recuerda que lo que en última instancia determinará tu éxito en todos los ámbitos de la vida no es lo que te suceda, sino cómo respondas ante ello. Yo soy una persona optimista, pero si elegí ser positivo y optimista, no fue de una manera ciega o irracional. Tengo la convicción de que el centro creativo de la naturaleza y de la vida es positivo, optimista y lleno de esperanza.

capítulo 1

PARA QUE CUALQUIER COSA SUCEDA PRIMERO HAY QUE HACER ALGO

*L*os triunfadores son personas de acción. Saben que lo único que logra convertir un sueño en realidad es la acción decidida. No obstante, por cada gran sueño hecho realidad debido a la determinación y persistencia de quien lo concibió, ha habido cientos de ideas que nunca llegaron a materializarse por la falta de acción. Un sueño que no logremos convertir en una meta específica no es un buen sueño. Una meta que no se pueda traducir en un plan de acción concreto no es una buena meta. Y un plan que no nos conduzca a actuar de manera inmediata, no es un buen plan. La palabra clave es "acción".

La indecisión para actuar, característica de tantas personas, es el resultado del miedo al fracaso, al rechazo, o inclusive, como lo asevera Denis Waitley: temor al éxito. "Esta falta de resolución es señal del temor al triunfo que seguramente vendrá si deciden dar el primer paso con prontitud. Porque el éxito pesa mucho; él acarrea muchas responsabilidades. Es mucho más fácil posponer nuestras decisiones y vivir con la filosofía de: 'Un día de estos...'"

Conviértete en una persona de acción. No caigas víctima del perfeccionismo o la desidia. Recuerda que el exceso de análisis produce parálisis. Una vez que identifiques una oportunidad, actúa.

El león y la gacela

Cada mañana en África una gacela se despierta.
Ella sabe que debe correr más rápido
que el león más veloz
o puede morir bajo sus garras.
Cada mañana en África un león se despierta.
Él sabe que debe correr aún más rápido
que la gacela más lenta
o seguramente morirá de hambre.
No importa si eres un león o una gacela:
Cuando amanezca,
¡más vale que estés corriendo!

Bill Gates: La acción convertida en oportunidad

Todo logro es el resultado de una acción deliberada, y toda acción está precedida por un pensamiento. Sin acción, nuestros pensamientos y nuestras ideas mueren sin haber tenido la oportunidad de concretarse. Somos lo que hacemos, no lo que pensamos ni lo que sentimos, sino lo que hacemos.

Durante una entrevista periodística le preguntaron a Bill Gates, fundador de Microsoft, cuáles eran, a su modo de ver, los pasos más importantes para alcanzar el éxito. Su respuesta no sólo resume en gran medida el secreto de su éxito personal, sino que es el mejor ejemplo de cómo la acción se encarga de convertir en realidad cualquier oportunidad.

En aquella ocasión Gates respondió: "Es importante tener una visión clara de lo que deseas lograr en tu vida. De igual manera, es primordial crear oportunidades que nos ayuden a materializar esa visión. Sin embargo, lo más importante de todo es actuar de manera inmediata". Sin duda, esta visión es un tributo al espíritu emprendedor que ha caracterizado la vida de todas aquellas personas que con sus descubrimientos e invenciones han moldeado el destino de la humanidad.

Bill Gates pasará a la historia como el multimillonario más joven que logró su fortuna gracias a su esfuerzo personal. No obstante, según sus biógrafos, él no posee dotes especiales que le hayan permitido monopolizar la industria del software. Gates simplemente fue una persona lista, con una gran capacidad de trabajo y una enorme visión para aprovechar las oportunidades. Una persona que no sólo supo estar en el sitio apropiado, en el momento oportuno, sino que tuvo la visión, el espíritu innovador y la disposición para correr riesgos.

Para apreciar esto, basta con estudiar sus comienzos. Bill Gates ingresó al mundo empresarial a los quince años. Se hizo programador y experto en lenguaje de programación de aquella época. En 1975 le llamó la atención una carátula de una revista que anunciaba la aparición de la primera computadora personal en el mundo.

Pensando en la oportunidad de aprovechar su nuevo conocimiento como programador, decidió actuar inmediatamente. Se puso en contacto con aquella compañía e hizo arreglos para producir un programa para los aficionados usuarios del novedoso aparato. Así creó Bill Gates una ocasión propicia con elementos que ya existían a su alrededor, puesto que él ni había inventado la computadora, ni había desarrollado el lenguaje de programación. Sólo se limitó a conectar dos ideas para responder a una necesidad que él mismo sintió, y procedió a actuar rápidamente. Junto con su amigo Paul Allen, trabajó largas jornadas de dieciocho horas diarias hasta que finalmente produjeron el primer software operativo para la nueva computadora.

A los 19 años, solicitó un permiso en la universidad, para ausentarse durante su segundo año de estudios, y se trasladó a Albuquerque, Nuevo Mexico, en compañía de su socio, para estar cerca a su cliente. Allí, viviendo y trabajando en un cuarto de hotel, formaron su nueva empresa para continuar creando programas de software. Así nació Microsoft, hoy una de las empresas más grandes e importantes del mundo.

El haber actuado con rapidez les abrió las puertas de las nuevas empresas que entraban al mundo de las computadoras. Pronto los sistemas operativos creados por la Microsoft se convirtieron en la tecnología de uso de las computadoras personales, lo cual convirtió a Bill Gates en el *gurú* del software y le dio la credibilidad suficiente para abrir las puertas de la poderosa IBM.

Nuevamente, Gates se limitó a crear las condiciones que le permitieran aprovechar esta nueva oportunidad ¿Cómo? Cuando la IBM decidió entrar al mercado de los computadores personales en julio de 1980, él ya se había encargado de crear una reputación en el ámbito nacional como el más alto experto en programas para microprocesadores.

Así entró a la IBM donde obtuvo un contrato para desarrollar el nuevo sistema operativo, el cual, a propósito, se consumó antes de que él cumpliera los 25 años de edad. Una vez adquirido el contrato, Bill compró a otra empresa, un sistema ya existente llamado Q-DOS y lo adaptó para que operara en las computadoras producidas por la IBM. Así nació MS-DOS.

En 1990, Microsoft desarrolló quizás uno de los programas de mayor éxito en su historia: Microsoft Windows 3.0. Para ello se basó, por lo menos en parte, en un programa diseñado años atrás por la compañía Apple para sus computadoras Macintosh.

Esto ha hecho que algunos de sus críticos tilden a Bill Gates de oportunista, pero lo cierto es que esta actitud de crear oportunidades ha sido responsable, de alguna manera, del éxito de otros visionarios como Sir Isaac Newton, Thomas Alba Edison y Henry Ford.

A través de los años, la Microsoft ha continuado afianzando su liderazgo en el desarrollo de nuevas tecnologías en las áreas de programación e internet. Sin embargo, su visión e intereses se han ampliado para abarcar otras áreas que él considera vitales para el futuro del planeta.

En el año 2000 creó, junto con su esposa, la fundación Bill & Melinda Gates, con el propósito de trabajar para promover una mayor equidad en dos áreas prioritarias, la salud global y la educación. La donación de más de 20 mil millones de dólares lo convirtieron en uno de los donantes más generosos para causas benéficas.

Desde sus comienzos, la fundación ha trabajado intensamente para erradicar de manera definitiva uno de los más viejos y graves males que azotan al África, la malaria. De igual manera patrocina un sinnúmero de investigaciones científicas para lograr nuevos avances en la lucha contra enfermedades como el SIDA, la tuberculosis y otras enfermedades infecciosas. En el área de la educación, la fundación busca garantizar que todos los alumnos se gradúen del bachillerato preparados para participar de una manera más efectiva en la universidad, el trabajo y la sociedad. Lo importante de ver es que Gates, nuevamente, no empleó demasiado tiempo en sobreanalizar el problema. Él vio una necesidad, identificó los objetivos que quería perseguir y actuó.

¿Qué podemos aprender de la experiencia y éxito de este gran empresario? La lección es muy sencilla: el éxito es el resultado directo de la acción, no de las oportunidades, ni de las buenas intenciones, ni de la preparación. La acción es la herramienta más importante de todo emprendedor que desee ver sus metas hechas realidad y es, literalmente, el 50% de la *motiva-acción*.

¿Qué puedes hacer hoy?

Examina todas las decisiones que has tomado a lo largo de este año y enfócate en aquellas que no has logrado traducir en acción. Determina cuál era la meta específica que querías lograr al tomar dicha decisión. Toma un papel y descríbela claramente hasta cuando estés totalmente satisfecho de que esa meta que has escrito es la que deseas lograr.

Identifica una actividad que puedas desarrollar inmediatamente, que te ayude a dar el primer paso hacia la realización de dicha meta. ¿Has oído hablar de la regla de las seis horas? Esta regla dice que si dentro de las seis horas que siguen a la toma de una decisión no das el primer paso hacia su implementación, las posibilidades de que dicha decisión llegue a producir los resultados deseados disminuyen vertiginosamente. Así que de ahora en adelante recuerda que toda meta, todo sueño, todo objetivo y propósito que desees alcanzar, debe ir acompañado de por lo menos una actividad significativa que puedas poner en práctica dentro de las seis horas siguientes.

capítulo 2

UNA PERSONA COMPROMETIDA LOGRA MÁS QUE CIEN INTERESADAS

El Papa Juan Pablo II dio una de las definiciones de la palabra "compromiso" que mejor define esta cualidad tan importante de la persona emprendedora. Él dijo: "El compromiso es la respuesta valiente de quienes no quieren malgastar su vida sino que desean ser protagonistas de la historia personal y social".

El compromiso hacia sus metas e ideales es lo que diferencia a los que quieren hacer, de los que hacen. La persona promedio emplea la mayor cantidad de su tiempo pensando acerca de lo que debe hacer, planeándolo, analizando los posibles resultados y trazando planes alternos. Al mismo tiempo, observa, frustrada, su incapacidad para llevar a cabo estas decisiones. Muchas dan el primer paso, pero sucumben al enfrentar el primer reto, o simplemente permiten que otras actividades los distraigan de su propósito inicial porque su nivel de compromiso y motivación es débil.

El compromiso de la persona de éxito es el resultado del carácter trascendental con que percibe las metas que se ha propuesto. Si la motivación es el resultado de la acción, actuar de manera consistente y perseverante es siempre el resultado de un profundo compromiso personal con aquello que deseamos lograr. Indudablemente, logra mucho más una persona comprometida que cien interesadas.

Imaginar soluciones

En una tarde nublada y fría, dos niños patinaban sin preocupación sobre una laguna congelada. De repente el hielo se rompió, y uno de ellos cayó a las heladas aguas. Sin pensar demasiado en qué hacer, el otro niño cogió rápidamente una pequeña piedra que encontró a su alcance y comenzó a golpear el hielo con todas sus fuerzas. El grosor del hielo en esa época del año, hacía que este desesperado esfuerzo pareciera inútil. No obstante, esto parecía no importarle al pequeño, quien continuó golpeando el piso con todas sus fuerzas, sin tan siquiera considerar darse por vencido. Finalmente, su perseverancia rindió los frutos deseados; logró quebrar el hielo y así salvar a su amigo.

Cuando llegaron los bomberos y vieron lo que había sucedido, se preguntaron cómo lo habría logrado. El hielo estaba demasiado grueso. Parecía imposible que tal hazaña hubiera ocurrido con el esfuerzo de esas pequeña manos y la ayuda de aquella diminuta roca.

En ese instante apareció su abuelo y, con una sonrisa, dijo:

—Yo sé cómo lo hizo.

—¿Cómo? —le preguntaron—.

—Lo logró porque, afortunadamente, no había nadie a su alrededor que le dijera que no podía hacerlo.

César Chávez: Una vida de compromiso con sus ideales

No hay mayor compromiso que uno pueda adquirir que aquel que se tiene con sus propios ideales, particularmente cuando se ha decidido dedicar la vida en pos de la lucha por la justicia social. Una gran cantidad de los derechos, beneficios y condiciones laborales de los cuales, millones de trabajadores agrícolas en Estados Unidos disfrutan hoy, son el resultado del compromiso de un hombre a quien la mayoría de ellos nunca conoció: César Chávez.

Desde los comienzos mismos del sindicato que él estableció en 1962 —La Asociación Nacional de Trabajadores Agrícolas— era evidente que su nuevo presidente tenía ideas muy distintas acerca de lo que el sindicato debía representar.

"Un sindicato debe constituirse en torno a la idea de que la gente debe hacer muchas cosas por sí misma, para ayudar a su propia causa", afirmaba Chávez. "Hay demasiadas personas que tienen la idea de que los trabajadores agrícolas sólo esperan que otros les ayuden. La gente quiere darles cosas. De ese modo, con el tiempo, algunos de ellos llegan a esperar siempre ayuda de otros. Cambian la imagen que tienen sobre ellos mismos. Abandonan la idea de que son ellos los que deben hacer todas las cosas por sí mismos. Muchos han aceptado la noción de que son 'demasiado pequeños' para poder hacer cualquier cosa, excesivamente débiles para hacerse oír e impotentes para modificar sus propios destinos. Por supuesto, el líder se entrega desinteresadamente a los miembros; pero debe esperar y exigir que ellos se entreguen del mismo modo a la organización, ya que ésta existe sólo para hacer que la gente reconozca sus fortalezas".

Pero, ¿dónde se originó su compromiso con la lucha por los derechos de los trabajadores agrícolas? Según él, fueron las enseñanzas, historias y educación que recibió en su niñez las que moldearon su carácter. Esas bases, junto con las experiencias durante su adolescencia, hicieron que surgiera en su interior un ímpetu que no iba a apagarse nunca.

Como muchos inmigrantes procedentes del sur de la frontera, sus abuelos llegaron a Arizona en el siglo diecinueve en busca de una mejor vida. César recuerda como su abuela siempre se esforzó en enseñarle a sus hijos y nietos la importancia de ser personas con principios morales. Para ello se valía de narraciones, relatos, consejos y proverbios que tenían siempre una moraleja, y se aseguró que tuvieran bases religiosas muy firmes.

De ella y de su madre Juana, César aprendió la importancia de ayudar a otros con respeto y sinceridad, sin importar sus orígenes. Él recuerda que su madre nunca rechazó a nadie que hubiera acudido a ella en busca de comida, lo cual ocurría muy a menudo. Su ejemplo de bondad fue un modelo de la caridad que se debe tener con los demás.

Su abuela también fue un ejemplo de "practicar lo que uno predica". De ella aprendió que no era posible limitarse a decirles a otros cómo debían vivir, sino que había que mostrárselo con el ejemplo. Como resultado de esto, César confió siempre en su fe para obtener fuerza y dirección, y fue siempre fiel a sus creencias espirituales, que lo guiaron durante toda su vida.

De otro lado, escuchar de sus padres y abuelos sobre las injusticias y explotación a las que eran sometidos los trabajadores por los dueños de las haciendas, tanto en México como en Texas y Arizona, le hicieron entender la enorme importancia de la equidad y la justicia.

Mientras vivía en la ciudad de Yuma (Arizona), César descubrió lo que significaba la vida de un niño que había crecido hablando y leyendo español en casa. Desde su primer día en la escuela, a los siete años de edad pudo observar muchos de los prejuicios existentes. Sus maestros lo castigaban por hablar en español.

En California, durante su adolescencia, recuerda cómo castigaban a los jóvenes latinos haciéndolos escribir trescientas veces en el pizarrón: "No hablaré en español". Una vez, él mismo tuvo que llevar puesto un letrero que decía: "Soy un payaso. Hablo en español". Esas experiencias le enseñaron que la segregación destruye el valor de las personas a los ojos de otros. También le enseñó la importancia de dejar que las personas sean lo que son. Vio lo desalentador que era que castigaran a alguien por ser lo que era.

En 1937, César y su familia se fueron a vivir a California como trabajadores migratorios. Allí experimentó lo que significaba despertarse a las tres de la mañana para ir a trabajar, recogiendo frutas y vegetales en el campo hasta el anochecer, sólo para repetir la misma rutina a la mañana siguiente. Muy pronto, comprendió que lo único que producía este tipo de trabajo manual arduo eran salarios mínimos y discriminación.

La familia de César siempre estaba en movimiento. Seguían el sendero de la recolección de frutas y vegetales, ganando apenas lo suficiente para sobrevivir. Tenían que gastar una buena parte de su dinero para comprar la gasolina que les permitiera ir a su siguiente lugar de trabajo. Era una vida difícil e insegura, llena de trabajo manual riguroso e inclemente.

César debió abandonar la escuela después del octavo grado porque su padre se lesionó en un accidente y no pudo seguir trabajando. Así que dejó los estudios para ayudar al sostenimiento de su familia. En cierta ocasión recordó la dureza del trabajo en los campos, diciendo: "Es como estar crucificado. Tiene uno que caminar torcido, agachado, de cara al surco y desplazándose perpendicularmente a él. Siempre se lo pasa uno tratando de encontrar la mejor postura porque no se puede caminar completamente de costado y es demasiado difícil...".

En 1948 se casó con Helen Fabela y fueron siempre compañeros en el matrimonio y el trabajo. Helen respaldó siempre a su marido en sus esfuerzos y proporcionó estabilidad para la familia, mientras César trabajaba de modo incansable en pro de la causa de los trabajadores migratorios. Cuando se preparaba a iniciar su propio sindicato, pensó que la nueva empresa sería una carga demasiado dura para su esposa y su familia. Sin embargo, Helen recuerda: "no me preocupé, ni me asusté... Nunca tuve ninguna duda de que tendría éxito".

Una vez establecido el sindicato, se iniciaron una serie de huelgas que iban a darle a César proyección nacional. La más importante fue la *Huelga de la Uva* de la ciudad de Delano en el estado de California, que pasó de ser un suceso pequeño y local a adquirir importancia nacional. Empezó cuando los trabajadores filipinos le pidieron al sindicato que apoyara su huelga, a lo cual Chávez accedió, ya que vio una oportunidad de lograr algo que tendría importantes repercusiones. Los rancheros trataron de atemorizar a los huelguistas con escopetas y perros, rociándolos con los pesticidas y fertilizantes y haciendo que la policía los acosara. Sin embargo, la mayoría de los trabajadores agrícolas siguieron comprometidos con la huelga.

César hizo un llamamiento a la abstención de la violencia. Su estudio de las luchas de Gandhi en la India y del reverendo Martin Luther King en Estados Unidos, le habían hecho reconocer el poder espiritual y político de rechazar la violencia. De hecho, al igual que Gandhi lo hiciera décadas antes, en 1968, llevó a cabo un ayuno de veinticinco días que atrajo la atención nacional a *La Causa*. Cuando decidió poner fin a su ayuno estaba demasiado débil para ponerse de pie y hablar, y pidió a un amigo que leyera un mensaje que había escrito antes:

"Nuestra lucha no es fácil. Los que se oponen a nuestra causa son acaudalados y poderosos, y tienen muchos aliados en los altos niveles. Nosotros somos pobres. Nuestros aliados son pocos; pero tenemos algo que ellos no poseen. Tenemos nuestro cuerpo y nuestro espíritu. Nuestra mejor arma es la justicia de nuestra causa. Cuando somos realmente sinceros con nosotros mismos, debemos admitir que nuestra vida es lo único que realmente nos pertenece. Por eso, la manera como utilizamos nuestras vidas es la que determina la clase de hombres que en realidad somos. Tengo la creencia profunda de que sólo ofreciendo nuestras vidas podemos hallarlas. Estoy convencido de que el acto más verdadero de valor, el más firme exponente de la hombría, es sacrificarnos por otros, dentro de una lucha totalmente no violenta en pro de la justicia. El ser hombre es sufrir por otros. Dios nos ayude a ser hombres".

Durante la huelga, la uva se convirtió en un símbolo nacional de la explotación de los trabajadores agrícolas y muy pronto, el hecho de comprar uva se convirtió en un asunto moral. Con el tiempo, la mayoría de las principales ciudades de Estados Unidos empezaron a rechazar embarques de uva. Como resultado de ello, en julio de 1970, la mayoría de los viticultores de la región acordaron firmar contratos con el sindicato. Se necesitaron cinco años, pero el sindicato había triunfado.

César continuó sus esfuerzos en pro de los trabajadores en las décadas de 1980 y 1990. Este interés por su gente siguió hasta el día de su muerte en abril de 1993, a los sesenta y seis años de edad. A su funeral acudieron más de treinta mil personas de todo Estados Unidos para rendirle los últimos respetos.

Durante su funeral, el cardenal de Los Ángeles, Roger Mahoney, dijo: "César Chávez fue un profeta especial para los trabajadores agrícolas del mundo". Sin duda alguna, su vida fue un claro ejemplo del compromiso de un hombre, no sólo con una causa, sino con los demás seres humanos.

¿Qué puedes hacer hoy?

Asegúrate que eres el tipo de persona que da siempre el 100% de sí en toda acción y responsabilidad adquirida. Nunca escatimes en ofrecer tu mejor esfuerzo y busca siempre dar más de lo que de ti se espera. Haz esto y pronto descubrirás que recibes más de lo que tú mismo habías pensado. Para los triunfadores no hay juegos de práctica y juegos importantes; para ellos todo juego es trascendental ya que ayuda a construir y afianzar su carácter.

Cuando te comprometas a hacer algo, no desistas hasta haber logrado tu propósito. Recuerda que las grandes metas exigen grandes compromisos. Ten siempre presente que para triunfar en el juego de la vida no es suficiente participar en él; tienes que estar realmente comprometido con tu misión, tus metas y decisiones. La vida sólo da grandes recompensas a cambio de grandes compromisos. Paga recompensas promedio por un compromiso promedio y recompensas más bajas, fracasos y frustraciones por desempeños mediocres. ¡Es tu decisión!

capítulo 3

ACEPTANDO LOS RIESGOS QUE DEMANDA LO GRANDIOSO

$\mathcal{G}$oethe solía decir: "pensar es fácil, actuar es un poco más difícil, pero actuar como pensamos es mucho más difícil". Sin duda alguna, no hay nada que requiera más valor que atrevernos a vivir una vida coherente con los valores, principios y propósitos que nos hemos trazado.

El coraje le da a personas comunes y corrientes la capacidad de obtener resultados extraordinarios. Lo único que necesitamos es tener el valor y el arrojo para atrevernos a dar el primer paso. Es indudable que empezar es más de la mitad del camino. Quien se atreve a salir tras sus metas con decisión, que afronta las consecuencias de sus actos, que admite sus errores, que no calla cuando sabe que algo está mal, puede estar asumiendo riesgos, pero también está creando una diferencia real en su vida y en el mundo que le rodea.

Es sencillo, Si de verdad deseas triunfar, tarde o temprano tendrás que abandonar la aparente seguridad que ofrece lo promedio; renunciar a las falsas garantías que brinda la mediocridad, y salir en pos de tus sueños, aceptando los riegos que demanda lo grandioso.

El sabor de la victoria

El crédito pertenece a los hombres y mujeres
en el campo de batalla
cuyas caras están marcadas
por el polvo, el sudor y la sangre.

A quienes luchan valientemente,
a quienes yerran y caen una y otra vez;
poseedores de gran entusiasmo y devoción.

A quienes han dedicado sus vidas
a la persecución de una causa justa.

A quienes en sus mejores momentos
han probado el dulce sabor de la victoria,
y a quienes en sus peores momentos si caen,
caen intentando alcanzar grandes metas,
de manera que su lugar en la historia
nunca sea al lado de aquellas frías y tímidas almas
que no conocieron victoria o derrota alguna.

—Teodoro Roosevelt

Galileo Galilei: La búsqueda inquebrantable de la verdad

Cuando pienso en las palabras "coraje" y "valor", siento que no hay nada que requiera más de estas dos cualidades que atreverse a descubrir la verdad, por dura que ésta pueda llegar a ser, inclusive si esta verdad no es compartida por muchos, ni goza de gran popularidad. Este era el caso de uno de los hombres de ciencia más admirados de la historia: Galileo Galilei.

En su búsqueda por la verdad, Galileo se dedicó a erradicar la ignorancia imperante de su época. En la escuela discutía con todos: con sus profesores, con otros estudiantes, con los mismos autores de los libros que leía y, sobre todo, con Aristóteles, el gran filósofo griego quien había muerto casi dos mil años antes.

¿La razón? En esos dos milenios muy poco había cambiado en el campo de la ciencia, como resultado del hecho de que las teorías de Aristóteles sobre la naturaleza seguían siendo los únicos puntos de vista aceptables en la comunidad científica de su época. Aristóteles era el único poseedor de la verdad y nadie dudaba de la validez de sus teorías. Ni siquiera había necesidad de realizar experimentos para confirmarlas, ya que ellas hablaban por sí mismas.

Por su parte, Galileo pensaba que aceptar ciegamente las teorías aristotélicas era irresponsable y detenía cualquier posibilidad de aprender y crecer. Como es de esperar, esta terquedad no le había ganado muchos amigos en los círculos científicos o académicos de su época, muchos de los cuales tendían a favorecer el *statu quo*.

No obstante, Galileo, quien había nacido en 1564, en la ciudad de Pisa, en la costa mediterránea italiana, había aprendido una gran lección de su padre Vincenzo, un músico de indudable espíritu renovador, defensor del cambio en favor de formas más modernas. Esta lección y, en general, la clase de educación recibida por Galileo queda manifiesta en las siguientes palabras de su padre:

"Me parece que aquellos que sólo se basan en argumentos teóricos para defender sus afirmaciones, sin buscar razones que las apoyen, actúan en forma absurda. Lo más prudente es poder cuestionar libremente y responder libremente sin adulaciones. Así se comporta aquel que persigue la verdad".

A la edad de 17 años, Galileo siguió el consejo de su padre y empezó a cursar medicina en la universidad de Pisa. Más adelante decidió cambiar al estudio de las matemáticas, con el consentimiento paterno, bajo la tutela del matemático Ostilio Ricci.

Su notable talento para la geometría se hizo evidente desde un principio.

A los 25 años se le asignó la cátedra de matemáticas en la universidad de Pisa y en 1592, a los 28 años de edad aceptó una posición en Venecia que mantuvo hasta los 46 años. No obstante, fue durante su estadía en Pisa que ocurrió uno de los hechos que dan muestra del valor y la osadía de este brillante científico.

Cerca de 1590, mientras enseñaba en Pisa, decidió poner a prueba una de las teorías de Aristóteles. Él amaba comprobar cualquier teoría. Después de todo, esa era la única manera en que las teorías se convertían en verdades. Pero más aún, Galileo quería demostrarle a sus estudiantes y a sus colegas que las teorías de Aristóteles no eran totalmente infalibles. Y para probarlo escogió una de las más conocidas.

Aristóteles había aseverado que si dejamos caer al mismo tiempo un objeto de diez libras de peso y uno de una libra, el objeto de diez libras caería diez veces más rápido que el de una libra. Durante dieciocho siglos todo el mundo había aceptado esta teoría como verdad absoluta, sin haberse tomado nunca el tiempo para comprobarla. Galileo tenía otra opinión al respecto e iba a demostrar que él estaba en lo cierto.

Así que hizo un anuncio a sus estudiantes: "Dos objetos que comienzan a caer al mismo tiempo llegarán al suelo al mismo tiempo, sin importar su peso". Cualquier persona interesada en descubrir cuál era la verdad estaba invitada a apreciar con sus propios ojos los resultados de este experimento a la mañana siguiente.

La historia cuenta que al día siguiente sus estudiantes, junto con un grupo de curiosos de la ciudad, siguieron al científico mientras éste se dirigía a la torre de Pisa. Una vez allí, Galileo subió hasta el último piso de la torre con una pesa de diez libras en una mano y otra de una libra en la otra. Abajo, el mundo esperaba ansiosamente.

¿Quién saldría victorioso, el sabio filósofo griego o el joven rebelde de Pisa? Había murmullos y opiniones entre todos los concurrentes —una reacción típica siempre que alguien osa retar las normas establecidas—. "Con seguridad Galileo fracasará", "Ese muchacho está loco", "¿Quién puede saber más que Aristóteles?"

Galileo se acercó al borde del techo; la multitud dio un paso hacia atrás. El joven científico estiró los brazos, cada una de sus manos sostenía una pesa, dio una última mirada a la multitud y soltó las dos pesas al mismo tiempo. Los dos objetos cayeron rápidamente por el aire y chocaron contra el piso exactamente al mismo tiempo.

La multitud quedó estupefacta. En menos de cinco segundos, dos mil años de ignorancia habían sido erradicados por la verdad y una nueva era de pensamiento científico había comenzado.

Indudablemente, la vida de Galileo es un ejemplo de una de las cualidades más importantes de todo líder: su decisión de crecer y su coraje para cuestionar aquellas cosas que cree ciertas, siempre en pos de descubrir la verdad.

A la edad de 46 años, en 1610, Galileo desarrolló el telescopio, lo cual le permitió presentar a la comunidad científica de la época asombrosos descubrimientos: montañas en la luna, lunas en Júpiter, fases en Venus. Galileo sabía que dichos descubrimientos lo pondrían en serios problemas con la Iglesia, ya que favorecían las teorías presentadas por otro gran científico, Nicolás Copérnico, las cuales habían sido refutadas y atacadas por ella.

Pero armado con el valor que da la verdad, Galileo decidió ir a Roma para hablar con el padre Clavius, artífice del calendario gregoriano y líder indiscutible de la astronomía entre los jesuitas. Clavius era reacio a creer en la existencia de montañas en la luna. No obstante, no pudo más que aceptar su equivocación tras observarlas a través del telescopio de Galileo. Esta es una prueba de cómo la determinación y el valor de una persona siempre salen triunfantes.

¿Qué puedes hacer hoy?

En ocasiones, nuestra manera de pensar puede convertirse en nuestro peor enemigo. Muchas veces, cuando hemos tomado una decisión, es posible que experimentemos duda e incertidumbre, y escuchemos voces internas que nos dicen: "¿Qué vas a hacer? ¿Se te olvidó que eres pésimo para esto o aquéllo? ¿Qué van a pensar los demás? ¡Vas a hacer el ridículo!". Cuando esto suceda, inmediatamente cambia tu diálogo interno. Enfócate en tus fortalezas y examina todas las consecuencias positivas que vendrán como resultado de mantenerte fiel a tu decisión.

Si desde un principio logras entender que las caídas y los fracasos son parte integral del camino al éxito, te será mucho más fácil enfrentarlos con valentía y coraje cuando estos ocurran. Recuerda que el fracaso no es importante, a menos que sea la última vez que vas a tratar; entonces no sólo es importante, sino que es definitivo. Prométete a ti mismo que tendrás siempre el valor de mantenerte firme a tus decisiones, sin importar las dificultades u obstáculos que debas enfrentar.

capítulo 4

EL VALOR DE UNA VIDA AUTENTICA

$\mathcal{P}$osiblemente la cualidad más valorada y respetada que podemos desarrollar es la integridad absoluta. Los grandes líderes saben lo importante que es ser perfectamente honestos en todo lo que hacen y en cada actividad y transacción que desarrollan. John Maxwell, en su obra *Cómo desarrollar el líder que se encuentra dentro de ti*, cuenta que en una encuesta reciente le preguntaron a más de 1.300 altos ejecutivos de un gran número de compañías, cuál era a su juicio, la cualidad humana más necesaria para triunfar en los negocios. La respuesta, casi unánime fue: la integridad.

Así que nunca comprometas tu integridad por nada. Ni en lo grande ni en lo pequeño. Recuerda que una inmensa mayoría de los *crímenes corporativos* que han plagado el mundo de los negocios durante las últimas décadas empezaron con situaciones aparentemente insignificantes, donde se puso a prueba la integridad de una persona. No olvides que tu palabra te ata y es todo lo que tienes de valor a la hora de actuar.

La integridad se demuestra internamente con la honestidad personal, y externamente con trabajo de calidad. El presidente de los Estados Unidos Dwight Eisenhower, quien fue un general del ejército aliado durante la segunda guerra mundial, solía decir: "para ser un líder, una persona debe tener seguidores. Y para tener seguidores, esta persona debe contar con su confianza. Por esta razón, la más importante de las cualidades de los líderes es una integridad incuestionable". Esto es cierto, tanto en el ejército como en el hogar, el trabajo, o en cualquier otra área de nuestra vida que requiera liderazgo.

La debilidad de la muralla China

Las caídas de muchas personas, empresas y naciones han sido el resultado de la falta de integridad. La antigua China, por ejemplo, construyó su gran muralla para protegerse contra las posibles invasiones de las huestes bárbaras del norte.

La muralla china era tan alta que se creía que nadie podría escalarla, tan gruesa que sería imposible penetrarla o derrumbarla. Así que ellos se regocijaron en la seguridad que ella les proveía.

Sin embargo, durante los primeros cien años de existencia de la gran muralla, China fue invadida tres veces. Lo interesante es que los invasores bárbaros nunca tuvieron que escalar o derribar la muralla. Cada una de esas invasiones se logró sobornando a quienes cuidaban sus puertas y entrando tranquilamente a través de ellas.

Infortunadamente, los chinos estaban tan ocupados construyendo sus altas murallas de piedra que olvidaron dotar a sus soldados de la más importante de todas las armas: una integridad sólida.

Janet González: La coherencia entre las acciones y los principios

Ralph Waldo Emerson solía decir: «Nada da más dirección a la vida de una persona, que un gran conjunto de principios». Él habló de la integridad, la lealtad y la honestidad como tres de las características más importantes de la persona de éxito.

Tu imagen es lo que las personas piensan que tú eres. La integridad es lo que verdaderamente eres. La integridad es siempre más importante que la imagen. Si de verdad deseamos efectuar cambios en nuestra manera de ser y actuar, no podemos pretender lograrlos con pequeñas modificaciones cosméticas, sin definir claramente los principios que gobernarán nuestra vida.

La historia de Janet González es prueba de cómo la piedra angular sobre la cual construimos nuestro éxito no es necesariamente una personalidad encantadora sino una integridad sólida.

Janet nunca ha salido en las listas de personas más influyentes en el país, ni su empresa ha estado entre las que más ventas ha tenido. No se han escrito artículos acerca de ella, y fuera de su familia, su círculo de amigos y aquellas personas que la conocen a través de su empresa, Janet vive una vida relativamente distante del bullicio de la vida pública. No obstante, tiene una familia hermosa, un matrimonio feliz y sus hijos son apreciados y admirados por sus amigos y compañeros de escuela. Su empresa ha crecido de manera constante desde su fundación hace casi dos décadas y emplea a más de una docena de personas que sienten por ella gran admiración y le profesan una profunda lealtad profesional. Ella no sufre de sobrepeso, no ha tenido que luchar contra las adicciones o el estrés y siente que su vida espiritual y su fe inquebrantable le brindan todo el apoyo que necesita para enfrentar cada una de las situaciones que la vida le presenta.

Cuando le preguntas a ella cual ha sido su secreto para lograr tal balance en su vida, Janet responde siempre con la misma frase: "Debemos tener siempre presente quiénes somos y qué representamos. Si no tenemos la integridad para vivir una vida coherente con nuestros valores y principios, ni siquiera nuestros éxitos nos traerán satisfacción".

Esta actitud fue la que la llevó a comenzar su propia empresa. Por aquel entonces se desempeñaba como gerente regional de ventas de una prominente empresa de seguros. Un día la llamó el presidente de la compañía para informarle que en la siguiente reunión de la junta directiva anunciaría su decisión de nombrarla vicepresidenta de ventas y nuevo miembro de la junta. Ella, obviamente emocionada, expresó su agradecimiento y su resolución de seguir sirviendo a la empresa con lealtad y liderazgo.

Satisfecho con la respuesta de Janet, él continuó: "La verdad, Janet, yo también me encuentro muy satisfecho y me alegro de oír lo que acabas de decir, ya que como nuevo miembro de la junta directiva, es importante que recuerdes que cuando una decisión requiera de tu voto, espero que lo hagas de la manera en que yo te lo indique". Janet quedó perpleja ante lo que acababa de escuchar. Después de unos segundos le respondió: "La verdad, no estoy segura que pueda hacer eso". "Vamos Janet, estoy seguro que no habrá ningún problema. Esa es la manera como se juega en estos niveles, una mano lava la otra, yo te nombro nueva vicepresidenta, lo que representa un gran logro profesional para ti, y tú votas como yo te diga, ¿aceptas?".

Ella no podía creer lo que estaba escuchando; pensó en todos los años de trabajo al frente del departamento de ventas, de las oportunidades que su nueva posición representaría, y en todo aquello que era importante en su vida. Luego de unos segundos, sin ningún titubeo respondió: "Me temo que si aceptara su proposición dejaría de ser quien soy, y traicionaría todos y cada uno de los principios que me trajeron hasta donde he podido llegar. De ninguna manera voy a convertirme en marioneta de nadie, así que no acepto este nombramiento. Es más, no voy a trabajar en una empresa en la que esta práctica es admitida, así que renuncio".

El presidente no podía creer lo que escuchaba. Por su parte, Janet no sabía exactamente que iba a hacer de ahí en adelante, pero sí sabía qué no quería continuar haciendo. Desde pequeña había aprendido que ningún logro puede ni debe requerir que comprometamos nuestra integridad.

Un tiempo después de aquel episodio, decidió empezar su propia empresa. Obviamente uno de los valores de Janet era su éxito profesional, pero otro de sus

valores, de mayor prioridad en su vida era su integridad. Ahora bien, si para ella el éxito profesional hubiese sido más importante que su integridad, seguramente no habría tenido ningún problema en aceptar la
propuesta que el presidente le hizo. Pero, obviamente, su integridad tenía mucho más peso que sus logros
y éxitos profesionales.

Es indudable que la persona que al asignar la prioridad correspondiente a cada uno de los valores que
gobiernan su vida, pone su éxito profesional por enci-
ma de su integridad, es totalmente distinta a aquella
que elige la integridad antes que el éxito profesional.
No sólo sus metas son distintas, sino también sus decisiones y acciones.

Es fácil pensar que somos personas íntegras. No
obstante, sólo podremos decir que es así, cuando nuestras palabras, acciones y principios son coherentes. Esa
ha sido la razón del éxito que Janet ha cosechado a todo
lo largo de su vida profesional.

¿Qué puedes hacer hoy?

Toma la decisión hoy mismo de no proceder de manera contraria a aquellos valores y principios que tú sabes que deben guiar tu vida. Es fácil hacer excepciones con cosas que consideramos pequeñas y poco trascendentales. No obstante, recuerda que quien no procede con rectitud e integridad en lo pequeño, encontrará difícil —si no imposible— hacerlo en lo grande.

No permitas que las decisiones que prometen soluciones rápidas, o a corto plazo, te cieguen ante las consecuencias de tus acciones a largo plazo. De igual manera, evita siempre caer víctima de las influencias negativas de otras personas. Recuerda que nadie puede hacerte violar los principios de integridad sin tu consentimiento.

capítulo 5

EL PODER DEL PENSAMIENTO CREATIVO

Una de las características más admiradas en la persona emprendedora es su creatividad. Donde otros ven problemas, ella ve oportunidades. Mientras la persona promedio busca el camino más confortable, aquella abre caminos. Su capacidad de actuar no se limita a los recursos y herramientas que están a su alcance, ya que si éstos no existen, ella los crea. Con gran razón, Albert Einstein solía decir: "La imaginación es más importante que el conocimiento."

Sin embargo, esta capacidad creativa no está reservada a un grupo selecto de personas que tuvieron la buena fortuna de heredarla. Todos contamos con una fuente de creatividad usualmente inexplorada. Se ha encontrado que la creatividad, la imaginación y la capacidad de innovar son estimuladas principalmente por las metas que deseamos intensamente, los problemas que nos presionan y las preguntas y cuestionamientos enfocados hacia algo específico.

Entonces, ¿qué puedes hacer para desarrollar tu creatividad? Empieza por entender que entre más concentres tu mente para alcanzar tus metas, resolver los problemas que se te presenten en lugar de evadirlos, o responder las inquietudes e interrogantes que tengas, más creativo te volverás y lograrás que tu mente trabaje más rápido para ti.

El juicio

Muchas veces, frente a circunstancias adversas el ser humano se convierte en un ser mucho más creativo. Cuenta una antigua leyenda que en la Edad Media un hombre muy virtuoso fue injustamente acusado de un grave crimen. El verdadero culpable era una persona muy influyente quien, para evitar ser enjuiciado había maquinado una trama que le permitiera apartar de sí toda sospecha.

El hombre, víctima de tal intriga, fue llevado a juicio y pronto comprendió que tenía pocas posibilidades de escapar a la horca. El juez, quien también estaba implicado en aquel complot, se cuidó de mantener todas las apariencias de un juicio justo para evitar una revuelta de todos aquellos que admiraban al acusado y estaban seguros de su inocencia.

Queriendo lavarse las manos, el juez le dijo al acusado: "Conociendo tu fama de hombre justo, voy a dejar tu suerte en manos de Dios y que sea Él quien decida. He escrito en dos papeles separados las palabras 'culpable' e 'inocente'; los doblaré y pondré dentro de esta bolsa y tú escogerás uno, y será la Divina Providencia la que decida tu destino".

Por supuesto, el perverso funcionario había preparado dos papeles con la misma palabra: "Culpable", de manera que no importaba que papel escogiera, el resultado sería el mismo. La víctima, aún sin conocer los detalles, se dio cuenta de la trampa que se le había tendido.

Cuando el juez lo obligó a escoger uno de los papeles, el hombre respiró profundamente y permaneció en silencio unos segundos con los ojos cerrados. Cuando la sala comenzaba a impacientarse, abrió los ojos y, con una sonrisa, tomó uno de los papeles. Pero en lugar de desdoblarlo y leerlo, se lo metió a la boca y se lo tragó rápidamente.

—"Pero, ¿qué has hecho?", le reprochó el juez indignado y a punto de explotar de la ira. "¿Ahora cómo diablos vamos a saber el veredicto?"

—"Es muy sencillo", respondió el hombre sin perder la calma, mientras se tragaba el papel que contenía el veredicto. "Lo único que tenemos que hacer es leer el papel que queda, y sabremos lo que decía el que yo me tragué".

Malhumorado al ver su perverso plan arruinado, liberaron al acusado y jamás volvieron a molestarlo.

Orville y Wilbur Wright: No trates de reinventar la rueda

En una de sus definiciones, la palabra "creatividad" se describe como la habilidad que permite hallar relaciones y soluciones novedosas partiendo de información ya conocida. Somos parte de un mundo donde la información disponible en cualquier campo, se duplica a la velocidad de la luz. Así que para entender mejor el concepto de creatividad es necesario entender

DE LA MOTIVACIÓN A LA ACCIÓN

que esta palabra se deriva del latín "creare", la cual está emparentada con "crecere", que significa crecer. Nuestro éxito depende en gran medida de la capacidad que tengamos para crecer, utilizando la información disponible de la manera más creativa posible en el logro de nuestros objetivos. Esto, precisamente, fue lo que hicieron los hermanos Wright.

Generalmente, cuando pensamos en aquellas personas que cambiaron el rumbo de la humanidad con sus inventos o descubrimientos, tendemos a imaginar seres solitarios que trabajan a puerta cerrada, aislados en sus laboratorios y que sólo salen de su reclusión cuando su invento está terminado. Sin embargo, si estudiamos las vidas de muchos de estos grandes líderes encontraremos que la inmensa mayoría de ellos, contrario a "partir de cero," buscaron por todos los medios aprovechar la información y el conocimiento que hacía parte de ese capital intelectual colectivo al que habían contribuido todos los que vinieron antes de ellos.

Orville y Wilbur Wright pasaron a la historia como los primeros en volar un aeroplano motorizado y, por ende, los grandes y más destacados pioneros en el mundo de la aviación. Los dos hermanos empezaron a interesarse en el vuelo desde niños, cuando vivían en el estado de Ohio. Cuando Orville tenía siete años y Wilbur once, su padre les regaló un helicóptero de juguete operado por dos hélices manuales, que funcionaban enrollando una banda de goma y después soltando el aparato.

El juguete estimuló su imaginación y despertó en ellos una profunda fascinación por la idea de poder volar. Para fortuna de los muchachos, sus padres siempre los animaron a ser creativos, explorar y aprender. De hecho, su madre, Susan, era conocida por sus habilidades mecánicas. De su padre, aprendieron a trabajar metódicamente, a perseverar y ser constantes. Debido a esto, los hermanos Wright siempre fueron emprendedores y con una curiosidad enorme.

A medida que fueron creciendo, leyeron todo lo que podían acerca del vuelo y siguieron de cerca el trabajo de otros pioneros de la aviación. No obstante, su insaciable curiosidad comenzó a llevarlos por otros rumbos. Aún muy jóvenes, decidieron establecer una imprenta y publicar un periódico. Poco después, y debido a la gran atracción que desarrollaron las bicicletas en esta época, abrieron un taller de reparación de bicicletas, y muy pronto comenzaron a hacer sus propios diseños. Sin embargo, a lo largo de todo este tiempo, su interés por descifrar los misterios del vuelo permaneció siempre vivo.

Cabe mencionar que ellos no fueron los primeros en dedicar sus vidas a ese escurridizo sueño de ver al ser humano volar por los aires. Cuatrocientos años antes que ellos, Leonardo Da Vinci había propuesto varias teorías al respecto. Es más, una década antes de que ellos comenzaran a trabajar seriamente en la construcción de su aeroplano, Otto Lilienthal, otro gran pionero de la aviación, ya había construido y ensayado un aparato volador diseñado por él mismo. De manera que los hermanos Wright decidieron aprovechar toda la experiencia de Lilienthal, a quien más tarde se referirían como uno de los grandes precursores de la aviación y como una fuerza inspiradora para ellos.

De hecho, cuando Lilienthal murió en un accidente con uno de sus planeadores, Orville y Wilbur decidieron continuar con su trabajo. Estudiaron los datos y resultados de él y otras personas que habían intentado volar antes que ellos. Construyeron diferentes planeadores y, en 1901 construyeron un túnel de viento para probar alas de diferentes tamaños y formas, y determinar el efecto de la presión del aire en más de 200 superficies de alas distintas.

Sin embargo, hubo otro protagonista en la historia

de los orígenes de la aviación. Su historia ilustra qué puede suceder cuando optamos por querer hacer todo solos, ignorando la información y ayuda disponible; su nombre era Samuel Langley. Al igual que los hermanos Wright, Langley había desarrollado algunos modelos de planeadores equipados con motores. Utilizando fondos de la institución Smithsonian, él se propuso ser el primer hombre en lograr volar en un planeador motorizado.

A pesar de la aparente ventaja que Langley tenía sobre ellos, los hermanos Wright nunca se desanimaron, sino que, por el contrario, continuaron siempre colaborando con otros investigadores y compartiendo de manera abierta sus hallazgos. En cierta ocasión, después de varios meses de trabajo y muchas frustraciones en la construcción de su propio prototipo, Wilbur le escribió al ingeniero Octave Chanute, describiendo sus ideas y pidiéndole consejos sobre cómo solucionar algunos de los problemas que estaban enfrentando. De ahí en adelante, Chanute se mantuvo constantemente informado de sus avances y finalmente se presentó en el terreno para observar sus estudios. Chanute no sólo les ayudó desinteresadamente, sino que éste fue el comienzo de una larga amistad.

Poco después, los hermanos Wright contactaron al

Smithsonian Institute, el cual les proporcionó toda la información que poseía sobre los trabajos de Langley, de Lilienthal y otros. Mientras tanto, Langley continuó trabajando solo en su meta por ser el primero. No obstante, el rehusarse a trabajar en colaboración con otros hizo que gran parte de sus esfuerzos fueran fallidos, y después de una serie de fracasos abandonó su trabajo.

Los hermanos Wright continuaron con entusiasmo, aprendiendo, preguntando y acumulando la sabiduría que finalmente los llevaría a efectuar el primer vuelo de un aeroplano motorizado dirigido por un ser humano.

Dicha oportunidad llegó el 17 de diciembre de 1903. Aquel día, Wilbur y Orville Wright realizaron el primer vuelo controlado en un aeroplano. Esta era la culminación de muchos años de trabajo que incluyeron el intercambio continuo de experiencias con otros investigadores de la aeronáutica, las largas horas de experimentación en el túnel de viento que habían construido, y más de mil intentos y pruebas de vuelo de modelos a escala y en tamaño real.

Esa mañana, Kitty Hawk, en el estado de Carolina del Norte, amaneció frío y con fuertes vientos, a pesar de lo cual, los dos hermanos se dirigieron al lugar que habían escogido con mucho entusiasmo y determinación. Nada los iba a detener. Tras realizar los ajustes necesarios, Wilbur se montó en el aparato y puso en marcha el motor. A las 10:35 de la mañana, ante el asombro de los asistentes, el *Flyer* —como habían bautizado a su planeador— se elevó por los aires.

Era la primera vez que una persona volaba en una aeronave impulsada por una máquina. Orville describió aquellos momentos con las siguientes palabras: "Tras una breve carrera por la pista de despegue, la máquina se elevó y se puso a volar. El vuelo sólo duró doce segundos, y fue un vuelo inseguro, lento y oscilante; pero por fin era un vuelo real".

La distancia recorrida en aquel primer vuelo con motor dirigido fue de sólo 37 metros (120 pies), menos que la longitud de un avión jumbo 747. Los hermanos Wright hicieron tres vuelos más ese día. El último fue el más largo. Wilbur permaneció en el aire por 59 segundos y recorrió poco más de 260 metros (852 pies). Es posible que parezca una distancia insignificante, pero fue el inicio de una nueva era de descubrimientos. Los hermanos Wright habían abierto un camino que otros pronto seguirían. En menos de setenta años, el hombre llegaría a la luna.

¿Qué puedes hacer hoy?

La creatividad de los triunfadores se manifiesta en su capacidad para innovar, descubrir, o crear nuevas oportunidades. Examina dónde estás en este momento y pregúntate: ¿Qué nuevas oportunidades puedo crear que me permitan crecer y avanzar en mi campo de acción? Recuerda que si continúas haciendo lo que siempre has hecho, continuarás recibiendo lo que siempre has recibido. Si quieres cambiar, tienes que innovar.

Los emprendedores utilizan su capacidad creativa en el momento de producir soluciones a los problemas o dificultades que puedan estar enfrentando. De ahora en adelante cuando enfrentes un problema pregúntate: ¿Qué soluciones creativas existen para este problema, en las que aún no he pensado? Una vez has hecho esto, escucha con atención.

capítulo 6

PARA QUIEN NO SABE HACIA DÓNDE VA, TODO CAMINO ES IGUAL

$\mathcal{L}$as metas borrosas producen resultados borrosos. No hay estado mental que produzca mayor frustración y desesperanza que no saber hacia donde vamos o qué queremos lograr. Arthur Schopenhauer articulaba este desaliento de manera elocuente, al decir: "no hay ningún viento favorable para el que no sabe a que puerto se dirige". Muchas personas, erróneamente, creen que el secreto del éxito está en mantenerse ocupadas, moviéndose constantemente. Pero lo cierto es que la acción sin dirección puede ser frustrante y agotadora.

Necesitamos tener metas fijas y objetivos claros que encaucen nuestras acciones. Las personas de éxito piensan en sus objetivos la mayoría del tiempo y por ello siempre están moviéndose hacia ellos. Es claro que aquello en lo que piensas la mayoría del tiempo tiende a plasmarse y desarrollarse en tu vida.

Así que piensa constantemente en los objetivos que persigues; visualízalos y habla de ellos con la confianza de quien está seguro de lograrlos. Esta actitud te ayudará a mantener un alto nivel de motivación por tus metas. No caigas en el mismo error en el que cae la persona promedio, que generalmente está pensando y hablando continuamente sobre sus preocupaciones, sus problemas y sus debilidades.

Todo paso cuenta

Seguramente hemos escuchado que toda gran aventura comienza con un primer paso. Y si bien es cierto que inclusive el camino más largo requiere que tomes la decisión de dar ese primer paso, también lo es que el caminar sin rumbo o dirección nunca te llevará a ningún lado.

Hay una historia acerca de un viajero que andaba por la vieja Grecia en busca del monte Olimpo. Temiendo estar perdido, se acercó a un hombre que se encontraba a la vera del camino, y le preguntó: "¿Cómo hago para llegar al monte Olimpo?"

El hombre, quien resultó ser Sócrates, le respondió: "Muy fácil, simplemente asegúrate que todo paso que des vaya en esa dirección".

¡Qué gran lección! Sócrates estaba en lo correcto, la única manera de llegar a nuestro destino, cualquiera que éste sea, es asegurándonos que cada paso que demos vaya hacia allí. ¡Todo paso cuenta! La única manera de alcanzar nuestros objetivos con éxito es asegurándonos que cada actividad que realicemos se encamine hacia la realización de metas claras y precisas.

Florence Chadwick: La importancia de tener una visión clara de nuestras metas

Florence Chadwick decidió que ella sería la primera mujer en atravesar a nado el Canal de la Mancha. Este brazo del océano Atlántico que separa a los puertos de Calais en Francia y Dover en Inglaterra, es un mar frío y picado de poco más de 32 kilómetros de ancho, que se ha convertido en el Monte Everest de los nadadores a escala mundial.

Por largos años, Florence entrenó y disciplinó su cuerpo para seguir nadando aún mucho después de que el cansancio y la fatiga le pidiesen parar. Finalmente, en 1952 llegó el día tan esperado. Con grandes esperanzas y rodeada de reporteros y gente que la acompañó en pequeños botes, alentándola, partió en su travesía. Los escépticos dudaban que ella lograría esta hazaña.

Cerca ya de la costa inglesa una densa neblina se posó sobre el mar, y las aguas se volvieron frías y picadas. Su madre, quien la acompañaba en un bote a su lado, la animaba diciéndole: "vamos Florence, tú puedes, ya no faltan mas que un par de millas".

Incapaz de ver su meta y exhausta por el esfuerzo realizado, Florence pidió que la ayudaran a subir al bote, a menos de 450 metros de la playa. Ella se sintió derrotada y destrozada, especialmente cuando descubrió qué tan cerca había estado de alcanzar su fin.

Más tarde, les diría a los reporteros: "No estoy dando excusa alguna, pero estoy segura de que hubiese podido lograrlo, de no ser por la densa neblina que no me permitió ver mi meta en la distancia".

Sin embargo, Florence decidió tratar otra vez. Esta vez su entrenamiento incluyó el desarrollo de una imagen mental clara de la costa de Inglaterra. Florence memorizó cada detalle de la costa inglesa, allá en la distancia, al punto que, aún con los ojos cerrados, podía recrear en su mente la imagen del litoral.

El día de su segundo intento, una neblina aún más densa que el primer día amenazó con terminar con su sueño una vez más. No obstante, esta vez la meta que guiaría a Florence hasta la victoria no estaba en la distancia, sino que estaba claramente dibujada en su mente subconsciente.

Finalmente, después de trece horas y veinte minutos, Florence logró su cometido. Pocos logros ilustran de manera tan rotunda la importancia de poder visualizar claramente los objetivos que perseguimos.

¿Qué puedes hacer hoy?

No hay nada que dé más dirección a tu vida que saber cuál es tu misión o propósito. Así que escribe una o dos frases que representen lo mejor posible tu misión de vida. Hazlo en términos simples, asegurándote qué representa aquello que en verdad crees y por lo que estás dispuesto a dar tu vida. Porque si no lo sabes aún, por esa misión estás dando tu vida con cada día que pasa.

Todo empieza con un sueño. ¡Suéñalo y podrás lograrlo! Escribe los tres sueños y metas más importantes en los que quieres comenzar a trabajar inmediatamente. No te pongas a pensar en el precio que deberás pagar por alcanzarlos, ni te preocupes de qué tan factibles o irreales parezcan ser. Sólo escribe, y permite que ellos sean el combustible que mantenga ágil tu andar.

capítulo 7

La disciplina convierte en hábito nuestras decisiones

$\mathcal{E}$l precio de la excelencia es la disciplina, y el resultado de la mediocridad es el fracaso. Benjamin Disraeli decía: "Nada puede resistirse a la voluntad humana que sea capaz de poner en juego hasta la propia existencia con tal de perseguir su propósito". Algunos diccionarios definen la disciplina como el hábito que desarrolla autocontrol, carácter, orden y eficiencia.

Sin embargo, la palabra "disciplina" viene de la palabra "discípulo" —ser un estudiante devoto—. La disciplina es lo que mantiene tu atención claramente enfocada en lo que deseas alcanzar. Cuando tu atención se concentra en aquello que deseas alcanzar, creas una sincronía entre tus inteligencias física, mental, espiritual y emocional.

Autodisciplina significa autodominio, autorresponsabilidad y autodirección. La diferencia entre la persona de éxito y la persona promedio es que la primera convierte en hábito el hacer las cosas que a la segunda no le gusta hacer. ¿Qué es aquello que a la persona promedio no le gusta hacer? Curiosamente, es lo mismo que no le gusta hacer a los triunfadores, pero que de todas maneras lo hacen porque saben que es parte del precio del éxito.

Desarrolla la disciplina para hacer aquello que sabes que debes hacer, no porque sea fácil o conveniente, sino porque eres conciente que ése es el precio que debes pagar por el logro de las metas y sueños que te has propuesto alcanzar.

El talento hecho realidad

La universidad de Chicago realizó hace algunos años un estudio llamado *Proyecto Talento*, para examinar cuidadosamente las carreras de aquellos escultores, pianistas, científicos, neurólogos y tenistas considerados como superdotados, y casos fuera de lo común.

En el caso de 24 pianistas de fama mundial, por ejemplo, se encontró que el período de tiempo promedio transcurrido entre la primera lección tomada y el primer premio o reconocimiento internacional recibido, fue aproximadamente de 17 años.

Los científicos tomaron aún más tiempo.

Los tenistas que logran grandes éxitos en su adolescencia, por lo general han practicado disciplinada y rigurosamente desde los tres o cuatro años de edad. En otras palabras, las famosas expresiones como: "su éxito fue de la noche a la mañana" o "ella nació con un talento especial", pueden no ser tan precisas como muchos creen.

Los investigadores encargados de realizar dicho estudio concluyeron que las dotes naturales no eran suficientes para lograr tan altos triunfos, a menos que éstas estuviesen acompañadas por un largo proceso de educación, práctica, motivación y, sobre todo, disciplina.

Tomás Alva Edison: La disciplina y el espíritu de trabajo

La disciplina, la ética de trabajo y una profunda fe en sus propias habilidades convirtieron a Tomás Alva Edison en uno de los inventores más prolíficos de todos los tiempos y en uno de los líderes más notables en su campo. En cierta ocasión, al preguntársele acerca de sus dotes como inventor y pedírsele que hablara de su obvia genialidad, Edison respondió: "mi genialidad ha sido el resultado de un 1% de inspiración y un 99% de sudor y trabajo duro".

La vida y obra de Tomás Alva Edison son un monumento a la disciplina. Edison patentó 1.093 inventos originales y le hizo mejoras a otros. El telégrafo, el fonógrafo, la bombilla incandescente, el micrófono, la cámara de cine, el alumbrado eléctrico, la máquina de escribir, el audífono, la batería alcalina y la aplicación práctica del teléfono son algunos de los más notables. Sin embargo, sus intereses e investigaciones abarcaron también la fotografía, el cine, la industria textil y la química.

Su genialidad fue, sobre todo, el resultado de su disciplina, imaginación, espíritu de trabajo y perseverancia. Como ejemplos de esta inagotable persistencia basta recordar que construyó cincuenta prototipos distintos antes de crear el gramófono; o que experimentó más de diez mil aparentes fracasos durante la invención de la batería alcalina. Cuando alguien le preguntó si no le frustraban tantos fracasos, Edison respondió: "¿Fracasos? ¿Cuáles fracasos? Todo lo que he hecho es descubrir diez mil maneras que no funcionan, pero cada intento me lleva un paso más cerca al éxito".

Si bien Edison no fue un hombre de ciencia, en el sentido de un Galileo o de un Einstein, él fue un técnico de gran imaginación y sentido práctico. Edison recibió el apodo de "el mago de Menlo Park", debido a la enorme cantidad de asombrosos inventos y descubrimientos que salieron de su taller. Menlo Park era una pequeña ciudad localizada en el estado de Nueva Jersey. La disciplina y dedicación que siempre le acompañaron, le mostraron que podía aprender lo que su escasa educación escolar no le habían enseñado. Esta motivación por aprender y cuestionar hicieron de él uno de los más grandes genios de la historia.

Su formación escolar fue muy precaria. Sólo tuvo la oportunidad de ir a la escuela por algunos meses, ya que fue expulsado tres veces, debido a su constante inquietud y curiosidad —tildada de indisciplina por el poco flexible sistema escolar de aquella época—. Su maestro lo consideraba «retrasado» e incapaz de prestar atención y aprender.

Esto provocó que fuera su madre, quien había sido maestra de escuela, la que tomara a cargo la educación escolar de Tomás. Ella sería la encargada de fomentar en él, desde su infancia, esa curiosidad por experimentar que lo caracterizaría a lo largo de toda su vida. A los diez años instaló en su casa un laboratorio para realizar los experimentos que encontró en un libro de química. Trabajó largas horas tratando de probar que estaban errados. En ese mismo laboratorio construyó un telégrafo doméstico y comenzó a hacer experimentos con electricidad, aprendiendo las bases de la física y la química.

En 1868 la lectura de *Investigaciones Experimentales en Electricidad*, del científico Michael Faraday, cambió su vida. Los experimentos estaban descritos en forma tal que Edison pudo realizarlos. Maravillado por lo que estaba aprendiendo, decidió abandonar su trabajo y establecerse en Nueva York para iniciar allí una carrera como inventor. En ese mismo año obtuvo su primera patente; se trataba de un contador eléctrico de votos que haría mucho más rápido y transparente el proceso de conteo durante las contiendas electorales. Incomprensiblemente al congreso no le interesó en lo absoluto. Poco después, Edison descubrió la razón por la cual su invento había sido rechazado. El congreso no estaba interesado en mejorar la eficiencia del conteo de los votos, ya que la lentitud e imprecisión del método existente se prestaba para realizar todo tipo de maniobras políticas, las cuales, un conteo instantáneo y eficiente no permitiría.

Al año siguiente inventó un "impresor de acciones" para la bolsa de valores de la ciudad de Nueva York. Pensó ir a donde el presidente de la compañía a venderle su idea por una suma de $3.000 dólares, la cual él consideraba razonable. Sin embargo, antes de dar el precio, en una jugada que contribuiría a cimentar su deseo de convertirse en un inventor, el joven empresario le pidió al presidente de la empresa que le hiciera una oferta razonable por su invención. La oferta fue de cuarenta mil dólares. Después de pensarlo dos segundos, Edison consideró su oferta más que razonable.

Con este dinero empezó su brillante carrera como inventor y se dedicó de lleno a la experimentación y la invención. Instaló uno de los laboratorios mejor equipados de la época en Menlo Park. Lo llamó: «Fábrica de inventos de todo tipo» y declaró que cada diez días produciría un invento menor y cada seis meses uno grande y asombroso. Se rodeó de un equipo de veinte mecánicos y relojeros de primera categoría y de un físico matemático. Su talento no sólo era evidente como inventor. Era fabuloso organizando equipos de trabajo con colaboradores en varias partes del mundo.

Uno de los primeros inventos que salieron de su nuevo laboratorio fue el micrófono, seguido del fonógrafo, el cual le dio fama internacional de inmediato. Durante los dos años siguientes Edison trabajó tratando de desarrollar una lámpara o bombilla incandescente práctica y eficiente. Experimentó con miles de diferentes filamentos, fibras de seis mil plantas diversas; estudió doce mil clases de bambú, aprovechando los envíos que le hacían sus ayudantes desde Sudáfrica y oriente.

Finalmente, su disciplina y persistencia rindieron los frutos esperados y su lámpara incandescente fue una realidad. Pero este experimento no paró ahí. Edison descubrió que en el vacío se podía lograr que la corriente eléctrica fluyera entre dos alambres, así estos no estuvieran en contacto. Estos experimentos fueron los predecesores de los tubos o lámparas de vacío (tubos fluorescentes). Tres años más tarde se pondría en funcionamiento la primera planta eléctrica de Nueva York, basada en los principios modernos de generación y distribución eléctrica propuestos por él.

Con el tiempo, Edison construyó un laboratorio diez veces más grande que llegó a contar con cinco mil empleados. Allí siguió inventando una gran cantidad de aparatos y haciendo fortunas e invirtiéndolas -y a veces perdiéndolas- en nuevos experimentos. Sin embargo, Edison nunca permitió que estas caídas le hicieran abandonar su deseo de continuar inventando y aprendiendo.

Esta actitud de no permitir que las caídas lo frustrasen o deprimiesen fue lo que hizo posible que un niño que padeció de sordera progresiva toda su vida y que fue expulsado de la escuela antes del tercer grado por considerársele "retrasado e incapaz de prestar atención y aprender", se convirtiera en una de las personas que más contribuyó al progreso de la civilización.

¿Qué puedes hacer hoy?

Identifica aquellas actividades o hábitos que sabes que realizan los líderes en tu campo de manera constante; aquello que los ha caracterizado y que ha sido responsable en gran parte por su éxito. Una vez que hayas hecho ésto, toma la decisión de desarrollarlos en tu propia vida.

Determina en cual área de tu vida tienes menos disciplina. ¿Cuál crees que sea la razón de ello y qué vas a hacer a partir de hoy para remediar dicha situación? ¡Sé específico! Piensa en todas las áreas de tu vida: vida espiritual, salud, dieta, ejercicio, gastos, comunicación con tus seres queridos, lectura, trabajo, etc. Recuerda que ninguna de las áreas de tu vida cambiará a menos que hagas algo.

capítulo 8

TU VIDA SÓLO SE MEJORA
CUANDO TÚ MEJORAS

He aquí una de las reglas más importantes para el éxito: "Tu vida sólo se mejora cuando tú mejoras." Es imposible producir un trabajo excelente si tú no lo eres. David Packard, fundador de Hewlett-Packard, anotaba que el secreto para tener una gran empresa era contar con personas excelentes trabajando en ella. Él afirmaba que era imposible tener una gran empresa con empleados mediocres.

Yo quiero ir un poco más allá. Es imposible tener grandes padres, empresarios altamente efectivos, o esposos extraordinarios, si detrás de ellos no se encuentra una gran persona. Todo comienza con nuestro compromiso personal de vivir una vida de excelencia. Bien decía Martin Luther King: "todo trabajo que enaltece la humanidad tiene dignidad e importancia y debe emprenderse con excelencia esmerada."

¿Cómo se logra una vida de excelencia? Somos lo que hacemos cada día, y por tanto, la excelencia, más que un acto, es un hábito. La persona de éxito ha desarrollado el hábito de hacer todo con excelencia. Tu decisión de ser excelente, no sólo es un punto decisivo para lograr el éxito, sino que también es la fuente de una mayor autoestima. No hay nada que te dé mayor seguridad y confianza que saber que eres el tipo de persona que da un 100% en todo lo que hace.

Si se apodera...

El gran escritor Og Mandino nos recuerda algo que en muchas ocasiones suele ser ignorado. La excelencia es el resultado de la humildad. Debemos tener la humildad para admitir que aún tenemos mucho que aprender y mejorar. Es necesario evitar embelesarnos con nuestros logros. Debemos celebrar nuestros triunfos sin olvidar que hubo momentos difíciles. La siguiente reflexión nos recuerda qué hacer en aquellos momentos en que se apodere de nosotros la soberbia.

Cuando se apodere de mí la confianza excesiva,
recordaré mis caídas y fracasos.
Cuando me sienta inclinado a entregarme
a la buena vida, recordaré hambres pasadas.

Cuando se apodere de mí el conformismo,
Tendré presente todo lo que puedo llegar a hacer.
Cuando me embriague con mi propia grandeza,
me acordaré de todas mis torpezas.

Cuando me sienta todopoderoso,
intentaré detener el viento.

Cuando logre alcanzar grandes riquezas,
tendré presente que hay bocas hambrientas.
Cuando se apodere de mí el orgulloso excesivo,
recordaré mis momentos de debilidad.
Cuando piense que mi habilidad no tiene igual,
contemplaré las estrellas.

Ellen Ochoa: La excelencia como precio del éxito

Todos hemos sido dotados con los talentos y habilidades necesarios para triunfar. La única diferencia entre la persona de éxito y la persona común y corriente, es que la primera acepta la responsabilidad por el desarrollo de su propio potencial, mientras que la segunda vive la mayor parte de su vida ignorante del poder que se encuentra en su interior.

La excelencia ha sido una constante en la vida de Ellen Ochoa, la primera mujer astronauta de ascendencia latina en viajar al espacio. Ellen recuerda haber estado expuesta desde muy temprana edad a la idea de que todo debía siempre hacerse con excelencia.

Seleccionada por la NASA en enero de 1990, Ellen se convirtió en astronauta en julio de 1991. Hasta el día de hoy, ha tenido la experiencia de participar en cuatro viajes al espacio y ha acumulado casi mil horas de tiempo de vuelo. Su primer proyecto tuvo lugar en abril de 1993: una misión científica en el trasbordador Discovery, que duró nueve días.

Ellen nació el 10 de mayo de 1958 en Los Ángeles, pero considera a La Mesa, una comunidad en las afuera de San Diego, California, como su lugar natal. Y aunque nunca se imaginó que navegar en el espacio sería su modo de vida, ella atribuye su éxito al ánimo que su madre le dio para sobresalir en sus estudios y a sus maestros que hicieron del aprendizaje algo emocionante.

«Recuerdo que vi por televisión cuando el Apolo 11 descendió sobre la superficie lunar en el verano antes de iniciar la escuela secundaria. A pesar de estar fascinada por el evento, nunca se me ocurrió que podría llegar a ser astronauta. Simplemente asumí que la exploración del espacio estaba limitada a un grupo de personas muy distintas a mí.

No fue hasta que estuve en la universidad que me enteré del proceso de selección de astronautas y supe que la NASA estaba buscando personas como yo. Esta fue una maravillosa sorpresa que me motivó a obtener los mejores resultados en el estudio y el trabajo, de manera que pudiera alcanzar esta meta tan emocionante".

En 1985 decidió postularse para el proceso de selección de nuevos astronautas, pero fue rechazada. Sin embargo, su perseverancia logró que en enero de 1990 fuera finalmente aceptada por la NASA y dos años más tarde, Ellen se convirtió en la primer mujer latina en ir al espacio.

Junto con su hermana y tres hermanos, Ellen creció en un hogar donde su madre era la cabeza de familia. Rosanne, su mamá, creía fervientemente en el valor de la educación, y en la idea de que cualquier persona puede triunfar y lograr cualquier meta que se proponga, si trabaja con disciplina y empeño.

Estudió en la escuela secundaria Grossmot y en 1975 fue a la universidad estatal de San Diego donde recibió su licenciatura en física cinco años más tarde. En ambos lugares obtuvo las calificaciones más altas y se graduó con honores. En 1985 obtuvo su doctorado en ingeniería eléctrica en la Universidad de Stanford, donde trabajó en la investigación de sistemas ópticos, y fue co-inventora y poseedora de tres patentes de sistemas de inspección óptica.

Ellen desarrolló un gran amor por las matemáticas y fue una estudiante excepcional. De igual manera, desarrolló un talento especial por la música, en particular por la flauta clásica. De hecho, durante sus estudios de doctorado formó parte de la Orquesta Filarmónica de Stanford, recibiendo grandes reconocimientos como solista.

Antes de emprender su carrera como astronauta, trabajó en el laboratorio nacional Sandia y fue investigadora y directora en el centro de investigación NASA Ames, en California.

Ellen se preocupa siempre por destacar la importancia del apoyo y ánimo que recibió de sus maestros. El énfasis que su madre ponía en disfrutar del aprendizaje le ayudó a tener siempre presente el papel tan crítico que un maestro juega en la vida de sus estudiantes.

«Siempre me entusiasmaban los maestros que se preocupaban por hacer su clase interesante», dice ella. «En la escuela secundaria disfruté de mis clases de literatura y de inglés porque mis maestros crearon un ambiente donde la interacción era importante. Ellos despertaron en mí una pasión por mi educación».

Por eso hoy, desde su posición de liderazgo, la cual le da la oportunidad de estar en contacto con estudiantes y grupos comunitarios, busca siempre transmitir el mensaje sobre la importancia de la educación y las oportunidades que ésta provee.

«El sello característico de la comunidad latina es ayudarse unos a otros», dice la doctora Ochoa. «Si los estudiantes están interesados en una manera de contribuir al desarrollo y éxito de sus comunidades, el campo de la educación es probablemente una de las mejores maneras de hacerlo».

Ellen Ochoa ha recibido numerosos honores, incluyendo el premio por logros extraordinarios otorgado a mujeres destacadas en la industria del espacio, el premio Albert Baez por contribuciones técnicas a la humanidad, otorgado a un ingeniero o ingeniera de origen hispano, y el premio al liderazgo, otorgado a los líderes latinos.

La doctora Ellen Ochoa es, sin duda, un modelo para las nuevas generaciones de jóvenes latinos que ven en su éxito el premio y el reconocimiento a la disciplina, la excelencia y sobre todo, a no permitir que las circunstancias, por difíciles que éstas puedan ser, nos limiten. Esta fue la filosofía de vida que desde niña aprendió de su madre.

¿Qué puedes hacer hoy?

Identifica aquellas actividades o hábitos que quizás hoy no son parte de tu diario vivir, pero que tú sabes que de adquirirlos aumentarían tu productividad personal y profesional. Sé completamente honesto contigo mismo. Una vez los descubras, decide qué vas a hacer al respecto. Recuerda que el precio del éxito no es negociable.

Ten la costumbre de preguntarte constantemente: ¿Qué habilidad, si lograra desarrollarla y realizarla de forma excelente, tendría mayor impacto en mi vida? Las personas de éxito saben que la excelencia es el resultado de la práctica y la constancia. Así que desarrolla tus habilidades hasta que éstas se conviertan en un reflejo automático.

capítulo 9

Nada reemplaza
el valor de ser leal

$\mathcal{T}$odo acto de lealtad con una causa, un país, una empresa o una persona, es el reflejo de un compromiso inquebrantable con un ideal o un principio que guardamos en lo más profundo de nuestro ser. Por esto creo que el éxito siempre es cuestión de ser leal. Esta cualidad es aquel sentimiento que dirige a las personas en todos sus hechos, dejándoles saber que están siendo fieles a sus ideales y principios.

Todos esperamos lealtad de los demás. Nada nos duele más que sentirnos traicionados o abandonados. Desde pequeños hemos escuchado que la palabra empeñada es una muestra de nuestro carácter y honor. Por tal razón, sentimos una profunda decepción cuando otra persona rompe una promesa, es desleal a su palabra, o se comporta de manera contraria con respecto a alguna obligación adquirida.

Sin embargo, la persona de éxito ha descubierto que la lealtad es un corresponder, una obligación mutua. No es algo que se pueda demandar —es algo que se gana—. La única manera de lograr la lealtad de los demás es siendo leales a ellos y a nuestros principios. Aquel que es incapaz de ser leal a sus principios seguramente no posee dentro de sí la semilla de grandeza necesaria para triunfar.

Un amigo leal

Al finalizar un día más de cruenta lucha un soldado fue a su comandante y le dijo: «mi compañero no ha regresado del campo de batalla, señor. Solicito permiso para ir a buscarlo».

"Permiso denegado", respondió el oficial. "No quiero que arriesgue usted su vida por un hombre que probablemente ya ha muerto".

El soldado haciendo caso omiso de la prohibición, salió, y una hora más tarde regresó mortalmente herido, transportando el cadáver de su amigo.

El oficial estaba furioso. En lugar de uno, ahora perdería a dos hombres. Recriminando al soldado le dijo:

¡Yo le dije ya que seguramente había muerto! Dígame, ¿valió la pena ir allá para traer un cadáver?

El soldado, moribundo, respondió, "¡Claro que sí, señor! Cuando lo encontré, todavía estaba vivo y pudo decirme: ¡Estaba totalmente seguro que vendrías!"

Un amigo leal es aquel que está a tu lado, aún cuando todos los demás te hayan abandonado.

Nelson Mandela: Leal al más sublime de los ideales, la libertad

Más que un acto, la lealtad es un hábito que caracteriza a aquellos seres humanos que han decidido que la única manera de actuar es con rectitud. No puedes demandarla de otras personas, ya que la única manera de tenerla es cuando ellas decidan ofrecértela voluntariamente.

Cuando Nelson Mandela recibió el premio Nóbel de la paz en 1993, estaba siendo reconocido por la lealtad con uno de los más sublimes ideales: la idea irrefutable de que todos los seres humanos deben ser tratados con dignidad.

Su lucha contra el *apartheid* —la segregación racial— dentro y fuera del país, lo convirtió en un mito viviente. Era un joven abogado cuando fue encarcelado por primera vez por rehusarse a aceptar el injusto sistema de segregación que reinaba en Suráfrica, su país natal.

Nelson Mandela nació el 18 de julio de 1918 en Umtata (hoy Mthatha). Luego de la escuela secundaria comenzó a estudiar en el colegio universitario para obtener su título de bachiller en artes. Allí fue elegido como miembro del consejo de representantes estudiantiles. De aquella institución fue expulsado junto con un compañero por participar en una huelga estudiantil. Tras esto, se trasladó a la ciudad de Johannesburgo, donde completó sus estudios de bachillerato por correspondencia y luego estudió derecho, graduándose como abogado en 1942.

Dos años más tarde ingresó al Congreso Nacional Africano, un movimiento de lucha contra la opresión de los negros sudafricanos. Aunque en un principio sólo defendían los derechos de su propio grupo, pronto entendieron que la justicia debía amparar a todo el mundo, y decidieron incluir en su lucha a los distintos grupos culturales de raza negra, de manera que pudieran desarrollar una estrategia común.

En 1952, luego de una represión que produjo miles de detenciones, incluyendo la de él, fue arrestado y sentenciado a cumplir una condena de tres años de cárcel.

Poco después de salir libre, debido al endurecimiento del régimen racista, fue nuevamente detenido, acusado de traición, juzgado y procesado en diciembre de 1956 junto con otras 156 personas, en un juicio que duró cinco años, tras el cual fue absuelto por falta de pruebas.

Al año siguiente viajó por diversos países africanos recaudando fondos y difundiendo la causa sudafricana. Debido a esto fue detenido a su regreso de uno de sus viajes y condenado a cinco años de cárcel. Sin embargo, un juicio posterior lo condenó a cadena perpetua en 1964, año en que fue nombrado presidente del Congreso Nacional Africano.

Nelson Mandela estuvo en prisión durante veintisiete años por defender una causa justa. Durante ese tiempo se le ofreció su libertad en varias ocasiones si sólo hacía una declaración pública diciendo que aceptaba el *apartheid*, pero él se negó. Su lealtad para con esta causa y las miles de personas que habían dado sus vidas en defensa de la dignidad humana no le permitían considerar tales ofertas.

Su estancia en prisión movió el apoyo de gran parte de la comunidad internacional, quien lo convirtió en un símbolo de la lucha contra el *apartheid* y la discriminación racial.

El gobierno de Suráfrica llegó a ofrecerle dinero y privilegios con la esperanza de que cambiara su retórica, pero él siempre se negó y continuó con su lucha eterna: la igualdad de condiciones entre blancos y negros. La presión internacional logró que el presidente sudafricano le ofreciera en 1986 la libertad condicional, pero, leal a sus principios, rechazó la oferta por cuanto no conllevaba una apertura del régimen hacia la igualdad racial.

Mandela fue liberado finalmente después de veintisiete años, pero ese no fue el final de su renacer increíble. Aún quedaba mucho camino por recorrer: Se puso nuevamente al frente del Congreso Nacional Africano, y negoció con el gobierno las bases para la reforma, todo ello en medio de un clima de fuertes enfrentamientos sociales entre los propios grupos negros, y el miedo de la minoría blanca al desencadenamiento de represalias una vez que estos llegaran al poder.

Las elecciones generales celebradas al siguiente año, en las que participaron todos los grupos, le dieron el poder, y así se convirtió en el primer presidente negro de la historia de Sudáfrica. Desde entonces, Mandela es uno de los líderes mundiales más relevantes, con especial trascendencia en el continente africano. ¡De prisionero a presidente! ¡Qué forma de convertir la adversidad en una preparación para una victoria aún mayor!

¿Qué puedes hacer hoy?

La lealtad no es un acto sino un rasgo imborrable de nuestro carácter. Evita a toda costa traicionar la confianza que otros han depositado en ti. No hay característica que repela con mayor intensidad que la deslealtad. Si no sientes que puedes ser totalmente leal a cierto ideal, persona o empresa, es preferible no involucrarte con ella. La lealtad no es consecuencia de un sentimiento afectivo; es el resultado de una decisión deliberada para elegir lo que es correcto. Mentir para encubrir las faltas de un amigo no nos hace leales, sino cómplices.

Todo acto está precedido por un pensamiento, y todo pensamiento es moldeado por nuestros valores y principios. De tal manera que la única forma de ser 100% leales a nuestros valores y principios es asegurándonos que nuestra manera de pensar y actuar es siempre correcta, irreprochable y que nunca va en detrimento de nuestros principios o de las demás personas.

capítulo 10

EL PODER TRANSFORMADOR DEL LIDERAZGO

$\mathcal{L}$as expresiones "liderar", "ser líder", o "demostrar liderazgo" encierran un mismo significado: Aceptar un 100% de la responsabilidad por nuestro éxito. Los verdaderos líderes tienen una gran claridad en cuanto a su misión personal, las metas y objetivos que desean alcanzar. Ellos saben hacia donde van, lo cual les permite desarrollar sus potencialidades y talentos. Los líderes no dan excusas, nunca negocian el precio del éxito, y son, sobre todo, personas de acción. Ellas saben que el líder aprende a dirigir, dirigiendo.

El gran líder latino César E. Chávez, dirigente del movimiento en pro de los derechos de los trabajadores agrícolas en los Estados Unidos, decía: "Hay muchas razones por las que una persona hace lo que hace. Para poder ser ella misma debe estar dispuesta a dar de sí todo lo que tiene. Si un líder no puede darlo todo, no puede esperar que su gente dé algo".

¿Qué quiere decir dar de sí todo lo que tiene? Es, sobre todo, atreverse a ver más allá de lo posible. Las personas sensatas tienden a adaptarse a su medio, y a aceptar sus circunstancias sin cuestionamientos, mientras que aquellos tildados de insensatos y soñadores, rehúsan aceptar sus circunstancias y tratan de cambiar y adaptar su medio de acuerdo con sus propias reglas. Como consecuencia de esto, todo el progreso y avance de la humanidad ha sido siempre el resultado de la osadía, la terquedad y la visión de soñadores insensatos que simplemente rehusaron aceptar sus circunstancias, y sin proponérselo cambiaron la historia de la humanidad. Esto es ser líder.

Instantes

"Si pudiera vivir nuevamente mi vida, en la próxima trataría de cometer más errores. No intentaría ser tan perfecto, y me relajaría más. Sería más tonto de lo que he sido; de hecho tomaría muy pocas cosas con demasiada seriedad.

Sería menos higiénico. Correría más riesgos, haría más viajes, contemplaría más atardeceres, subiría más montañas, nadaría más ríos. Iría a más lugares a donde nunca he ido, comería más helados y menos habas, tendría más problemas reales y menos imaginarios.

Yo fui una de esas personas que vivió sensata y prolíficamente cada minuto de su vida; claro que tuve momentos de alegría; pero si pudiera volver atrás, trataría de tener solamente buenos momentos. Por si no lo saben, de eso está hecha la vida, sólo de momentos; no te pierdas el ahora.

Yo era uno de esos que no iban a ninguna parte sin un termómetro, una bolsa de agua caliente, un paraguas y un paracaídas. Si pudiera volver a vivir, viajaría más liviano. Si pudiera volver a vivir comenzaría a andar descalzo al principio de la primavera y seguiría así hasta concluir el otoño.

Daría más vueltas en calesita, contemplaría más amaneceres, y jugaría con más niños, si tuviera otra vez la vida por delante. Pero ya ven, tengo 85 años y sé que me estoy muriendo".

—Jorge Luis Borges

Marie Curie: El secreto de vivir una vida con propósito

Una observación bastante acertada acerca de las cualidades de los verdaderos líderes es la que da el escritor John Maxwell: "La habilidad del líder está en verlo, decirlo, planearlo, y hacerlo de tal forma que otros sepan que tú sabes cómo, y sepan que te quieren seguir".

Marie Curie, ciertamente, sabía qué quería; articuló un plan para lograrlo y salió en busca de sus sueños. Esa muestra de liderazgo le permitió abrir las puertas para que toda una nueva generación de científicos continuara descubriendo las maravillas de una nueva era: la era atómica.

Su amigo Albert Einstein dijo de ella: "Su fuerza, la pureza de su voluntad, su austeridad consigo misma y su juicio convirtieron a esta mujer en uno de los pocos seres a quien la fama no logró corromper". Si la palabra liderazgo puede definirse como nuestra habilidad para aceptar la responsabilidad total por nuestro éxito, Marie Curie es, sin duda alguna, una de sus mejores exponentes. Su vida es una historia de valor, inteligencia, curiosidad, amor, tragedia y abnegación.

Marie nació en Polonia en 1867, y fue la menor de cinco hijos. Su infancia transcurrió en un hogar feliz. Su padre era un profesor de física y su madre una mujer abnegada que murió de tuberculosis cuando Marie tenía apenas once años de edad.

Siendo todavía una niña, Marie, quien era una excelente estudiante, contribuyó a los ingresos de su hogar dando lecciones a otros estudiantes. La ocupación de su país por los rusos no ofrecía mayores oportunidades de estudio para los hijos de los intelectuales polacos, así fuesen los más dotados. Menos aún para las mujeres, a quienes les era prohibido asistir a la universidad. Así que Marie, quien había desarrollado una gran pasión por la química y la física, debió contentarse con los pocos experimentos que podía desarrollar en un laboratorio clandestino que había construido uno de sus primos.

Sin embargo, una luz de esperanza se insinuó cuando su hermana mayor anunció su intención de ir a París a estudiar medicina. Los pocos recursos con que contaba la familia hacían parecer esto como una meta casi inalcanzable. No obstante, Marie inmediatamente desarrolló un plan que le permitiría ayudar a su hermana a pagar sus estudios. Trabajaría como institutriz ahorrando todo centavo que recibiera para ayudarla. La única condición que puso fue que después ella la ayudaría a ir a estudiar a Francia. Así se hizo. Después de varios años de ahorro, a los 24 años de edad, Marie pudo reunirse con su hermana para finalmente continuar sus estudios de física.

En París, las dos hermanas vivían muy pobremente en un pequeño ático, sin muebles y sin electricidad o calefacción, gastando menos de dos dólares diarios para vivir. Cocinaban en una pequeña estufa de alcohol y en ocasiones, Marie, quien trabajaba mientras estudiaba, pasaba varios días sin comer absolutamente nada. No obstante, estaba estudiando en la universidad de la Sorbona y, más importante aún, estaba estudiando física. Durante los cuatro años de estudios, su fe y su disciplina le ayudarían a sobrellevar todos los momentos difíciles. Finalmente, en 1894 recibió el equivalente a dos maestrías en matemáticas y en física.

A los 35 años de edad, mientras buscaba un sitio donde pudiera hacer ciertos experimentos, conoció a Pierre, su futuro esposo. Su matrimonio fue el comienzo, no sólo de su vida familiar, sino de una de las colaboraciones científicas más productivas de que se tenga conocimiento.

Marie había leído acerca del trabajo del científico Enrique Becquerel, quien había observado ciertas radiaciones que emitían las sales de uranio. Intrigada por este nuevo fenómeno, decidió hacerlo el objeto de su tesis de doctorado.

Al no disponer de un laboratorio para llevar a cabo su trabajo, decidió montar uno en un cobertizo abandonado que pertenecía a la facultad de física. Allí, junto con Pierre, Marie, quien bautizó el fenómeno con el nombre de "radioactividad", comenzó un arduo trabajo de investigación que culminaría con el descubrimiento de dos nuevos elementos químicos a los que denominaron: Radio y Polonio.

El descubrimiento había significado cuatro años de trabajo arduo, entre gases malolientes que mantenían sus ojos permanentemente irritados. Durante aquella época, un día promedio consistía de 10 ó 12 horas continuas de trabajo, mezclando con una barra de hierro toneladas de un barro conocido como pechblenda, traído de las minas, del cual buscaban extraer los nuevos elementos, y por el que debían pagar con sus pocos ahorros.

Pese a que en varias ocasiones Pierre llegó a perder la esperanza debido a los pobres resultados obtenidos después de tan arduo trabajo, Marie se rehusó a darse por vencida. Finalmente, su trabajo y disciplina produjeron una décima de gramo de la preciada sustancia.

Más tarde, recordaría aquella época así: "A pesar de habernos tomado cuatro años en hacer lo que hubiésemos podido hacer en un año de haber contado con un laboratorio, fue en aquel miserable cobertizo donde pasamos los años más felices de nuestras vidas, tiritando de frío en el invierno, y asfixiándonos por el calor tan intenso en el verano, consagrados por entero al trabajo. Por la noche, me iba a dormir, rendida de fatiga". Marie siempre se sintió orgullosa de haber pagado el precio por el éxito, sin cuestionamientos.

En 1903, los esposos Curie recibieron el premio Nóbel de Física por el descubrimiento del Radio. Sin embargo, por irónico que parezca, los dos estaban tan enfermos como consecuencia del exhaustivo trabajo que no pudieron ir a Estocolmo a recibirlo en persona. Cuando las manos de Marie quedaron permanentemente quemadas por los efectos de la radiación, en lugar de alarmarse por su propia salud, fue a los médicos para urgirlos a que buscaran las posibles aplicaciones de la nueva sustancia para destruir células malignas y tumores en el cuerpo. Este fue el nacimiento de la Radioterapia.

Muy pronto creció la demanda por la nueva sustancia y los Curie recibieron propuestas de varías empresas para producir e industrializar su descubrimiento y explotarlo en América. Este podía ser el comienzo de una nueva vida para ellos. Podían vislumbrar la enorme riqueza que podrían conseguir como dueños de la patente que abría el acceso a una nueva energía en el universo.

Marie recordó los años de pobreza, las fatigas del trabajo incesante, el tiempo perdido en labores improductivas como resultado de no contar con un laboratorio decente en el que pudieran trabajar.

Sin embargo, ella pensó que sería contrario al espíritu científico no compartir su descubrimiento abiertamente con todo el mundo. Así que esa misma noche los esposos Curie decidieron que compartirían con quien estuviese interesado, la fórmula y el procedimiento para la refinación del nuevo elemento, de manera que la humanidad entera pudiese favorecerse de todos los beneficios de su descubrimiento.

Después vino la fama, los honores, premios y medallas, a pesar de lo cual continuaron trabajando. El enorme poder del Radio empezó a actuar en el mundo, principalmente como el agente más eficaz contra determinadas enfermedades.

Durante los siguientes cuatro años trabajaron juntos dirigiendo las investigaciones sobre el Radio y su empleo humanitario. Cuando Pierre murió en un trágico accidente, Marie continuó sus investigaciones sola. Poco después recibió un segundo premio Nóbel por su invención de un método más seguro y efectivo para la medición del radio. Además, aceptó la cátedra en la Sorbona, convirtiéndose en la primera mujer que enseñaba en dicha institución en sus 650 años de historia. Desde ese entonces vivió sólo para su trabajo, y sus hijas Irene y Eva. Irene, quien bajo su orientación, llegó a ser una brillante científica, recibió también el premio Nóbel.

Durante la primera guerra mundial, puso su trabajo de investigación a un lado, para ayudar a las víctimas de la guerra. Marie se dio cuenta que una fotografía con rayos-X podría ayudar a los doctores a localizar un fragmento de granada en el cuerpo de un paciente y removerlo con mayor facilidad. Cuando finalizó la guerra, más de un millón de soldados heridos habían sido examinados con las unidades de rayos-X móviles que ella desarrolló.

Marie murió de leucemia en 1934, envenenada por la misma sustancia radioactiva con la cual había trabajado durante más de treinta y cinco años, y que tantos beneficios médicos había representado para la humanidad. Su vida fue un ejemplo de fe, heroísmo y liderazgo. La única mujer en ganar dos premios Nóbel —Física y Química— quien siempre se preocupó porque sus descubrimientos y su trabajo se tradujeran en un beneficio para las demás personas.

«No podemos esperar hacer un mundo mejor, sin hacer mejores a los individuos —decía ella—. Para ese fin, cada uno de nosotros debe esforzarse por lograr su nivel de desarrollo más elevado, aceptando la parte de la responsabilidad que le corresponde en la vida general de la humanidad».

¿Qué puedes hacer hoy?

Recuerda las dos siguientes reglas inquebrantables del liderazgo: Regla # 1: Tú eres el único responsable por tus acciones, éxitos y fracasos. Regla # 2: Cuando sientas la tentación de buscar un culpable por tus caídas lee nuevamente la Regla # 1.

Los líderes se pueden identificar fácilmente por su insaciable deseo de aprender y crecer. El peor error que podemos cometer es creer que ya sabemos todo lo que necesitamos para lograr nuestra misión de vida, y parar de aprender. Así que enfrenta cada día y cada etapa de tu vida con una actitud de fascinación y asombro por todo lo nuevo que puedas aprender y asimilar.

capítulo 11

NUNCA TE DES POR VENCIDO

$\mathcal{A}$l presidente estadounidense Calvin Coolidge se le atribuye una de las frases más celebres sobre la persistencia: "Nada en el mundo reemplaza la persistencia El talento no, pues nada es más común que fracasados con gran talento. El genio no, ya que la falta de reconocimiento a la genialidad es casi proverbial. La educación no, puesto que el mundo está lleno de personas sobre educadas. La persistencia y la determinación parecen siempre prevalecer".

Si la visión y el entusiasmo han sido los responsables de las decisiones de muchos emprendedores, fue la acción persistente la que les ayudó a mantener un alto nivel de motivación, aún en los momentos más difíciles, hasta hacer realidad los propósitos que perseguían. El coraje para persistir frente a la adversidad y la desilusión es la cualidad responsable de un mayor número de triunfos.

Una de las lecciones más importantes que puedes aprender es entender que el atributo personal más grande es tu voluntad y decisión para mantenerte al frente de cualquier empresa o aventura que decidas emprender mucho más tiempo del que cualquier otra persona estaría dispuesta a hacerlo. De hecho, nuestra persistencia es la verdadera medida de la fe en nosotros mismos y en nuestras habilidades.

La roca

Esta es la historia de un joven que quería romper una gigantesca roca y, día tras día, venía con su mazo y le daba cientos de golpes. Sin embargo, nada parecía estar sucediendo, no daba muestra de estar progresando y en ocasiones el joven sentía que estaba perdiendo el tiempo.

Un día, vino como de costumbre, tomó el mazo y se dispuso a reanudar su ardua tarea. No obstante, después de dar el primer golpe la roca se partió en dos pedazos.

El joven se sintió feliz de haber logrado finalmente su cometido. No podía creer que la roca se hubiese partido después de un solo golpe. Sin embargo, ¿fue el último golpe en realidad el que rompió la roca?

Después de pensar en ello por un momento, el joven llegó a la conclusión de que el último golpe *no* fue y *si* fue el que partió la roca. No lo fue, en el sentido de que fue la acumulación de cientos de golpes lo que poco a poco fue debilitando el interior de la roca. Sí lo fue, en el sentido de que si el día anterior hubiese decidido no continuar, ante la aparente falta de progreso, nunca habría logrado su cometido, ni habría descubierto lo cerca que había estado de lograr su propósito.

Benjamín Franklin solía decir: "el verdadero fracasado es aquel que renuncia sin saber cuan cerca estaba de alcanzar su meta". Ten siempre presente que el *golpe* definitivo para lograr tus objetivos puede estar a la vuelta de la esquina.

Cristóbal Colón: La persistencia inamovible del emprendedor

En uno de sus discursos más breves y significativos, Winston Churchill, retó a su audiencia con las siguientes palabras: "Nunca, nunca os deis por vencidos. En nada que sea grande o pequeño, sublime o trivial, nunca os deis por vencidos. Nunca, nunca, nunca". Y aunque Churchill vivió 450 años después de Cristóbal Colón, dicho reto, bien pudiera describir la actitud que llevó al joven marinero genovés a ver hecho realidad su sueño de ser un gran almirante del mar.

La vida y logros de Cristóbal Colón son, sin duda, uno de los mejores ejemplos de motivación personal. El descubrimiento que le daría un lugar indeleble en la historia fue el resultado de haber tomado una decisión, haber actuado inmediatamente y haber persistido hasta lograr su cometido, a pesar que dicha decisión estaba fundamentada en cálculos y premisas totalmente erradas. Esto prueba que un pobre plan puesto en marcha es mejor que un plan extraordinario que nunca se ejecuta.

El lugar de nacimiento de Cristóbal Colón lo han reclamado poco más de quince ciudades italianas, seis provincias españolas y cuatro países más. No obstante, existen pruebas documentales de que nació en Génova en 1451. Su curiosidad y su inventiva, junto con el coraje y la decisión con que cruzó una y otra vez un océano hasta entonces inexplorado, hacen de este hombre un ejemplo de valentía, entrega en la defensa de un sueño, y un gran ejemplo del poder que engendra la toma de decisiones.

Fue hijo de un matrimonio de humildes tejedores, razón por la cual trabajó ocasionalmente en este oficio. Se sabe que recibió una educación muy deficiente, pero que desde niño se interesó por la navegación, dedicando buena parte de su juventud a navegar en barcos que trabajaban en la compra, venta y transporte de lana, vinos, queso y otras mercaderías.

Colón era aficionado a la cartografía, y empleaba el tiempo libre en dibujar y levantar cartas geográficas que vendía para ayudar en el sostenimiento de su familia. Al parecer fue un autodidacta en lo referente a la navegación desde antes de cumplir los veinte años.

En 1476 salió para Lisboa al servicio de una embarcación comercial. Estando allí conoció a Felipa Muñiz de Perestrello, con quien contrajo matrimonio. Pronto nacería su hijo Diego.

Colón continuó cultivando su interés por la geografía y la cartografía. Leyó y consultó toda clase de tratados, escritos y mapas que circulaban en su época. Consideró todos los posibles argumentos astronómicos que justificaban sus proyectos. Sus lecturas incluían a Tolomeo, Aristóteles y Marco Polo, cuya influencia le hizo pensar que podría alcanzar la China y el Japón por vía marítima en dirección a occidente.

Una vez decidió que la búsqueda de la nueva ruta a oriente era una empresa digna de afrontar, se dedicó a su planeación con el mismo detalle de quien planea cualquier empresa. Comenzó a recoger los datos más convenientes para poder lograr el patrocinio de su proyecto.

La factibilidad de su aventura la basaba en los siguientes argumentos, suposiciones y beneficios potenciales:

1. Era indudable que la tierra era redonda, a pesar de lo que muchos religiosos, eruditos y pensadores de la época pudieran pensar, por lo cual el acceso a las Indias era igualmente posible por el oeste.

2. La circunferencia de la tierra era aproximadamente de 30.000 kilómetros. Para llegar a esta cifra, Colón escogió hábilmente la menor de las circunferencias reportadas por los astrónomos y científicos de la época.

3. La ruta por tierra a las indias desde la península ibérica resultaba demasiado larga. Además, después de que las vías comerciales cayeron bajo el dominio turco, los derechos por tránsito resultaban demasiado altos.

4. La distancia entre las Islas Canarias y el Japón era de unas 2.400 millas náuticas, lo cual hacía que el viaje no fuera extremadamente largo. En realidad, esta distancia resultó ser de aproximadamente 10.600 millas.

Estos puntos constituían la base del plan con que Colón se acercó a los diferentes reinos en busca de ayuda para el financiamiento de su proyecto. Durante los siguientes diez años se pondría a prueba la tenacidad del carácter y el poder de motivación de Cristóbal Colón, cuando uno tras otro, todos los monarcas a los cuales acudió, rechazaron su propuesta.

Ofreció su proyecto a Juan II de Portugal. La junta real que estudió el proyecto concluyó que "había errores de cálculo; la tierra era mucho más grande, el océano más extenso y la empresa era demasiado arriesgada, si no, imposible". Arruinado, endeudado y huyendo de sus acreedores, Cristóbal Colón se vio obligado a abandonar Portugal.

En 1484 fue a probar suerte al reino de Castilla, donde tuvo que esperar dos años hasta que los reyes católicos lo recibieron por primera vez. Una vez más, una junta de expertos examinó y rechazó su propuesta.

En 1488, envió a su hermano a presentar su proyecto al rey Enrique VII de Inglaterra quien lo recibió y lo despachó rápidamente, alegando que dicha empresa era la mayor locura que había escuchado.

Colón volvió a Portugal, pero no pudo hablar con el monarca portugués, por lo cual decidió regresar a Castilla nuevamente. A finales de 1490, en Sevilla, después de realizar una nueva presentación de su proyecto, una segunda junta estudió su propuesta y presentó el siguiente informe a los reyes: "Nada puede justificar el favor de vuestras altezas por un asunto que descansa sobre bases tan débiles, y que parece imposible de realizar a los ojos de cualquier persona que tenga algún conocimiento".

A pesar del pesimismo de sus consejeros, la reina Isabel le llamó a la corte y le dio algunas esperanzas, considerando que quizás ese no era el mejor momento para pensar en dicha empresa.

Sin desfallecer, Colón decidió ir a presentar su proyecto a Carlos VIII de Francia. En camino hacia allá, pasó por el monasterio de La Rábida, donde Fray Juan Pérez, confesor de la reina Isabel, le disuadió de partir para Francia y le prometió interceder ante la reina para lograr una nueva audiencia y una mayor receptividad por parte de los monarcas. Dos semanas más tarde se encontraba por tercera vez frente a los reyes españoles, en el campamento real de Santa Fe.

La nueva junta y los soberanos quedaron estupefactos ante las nuevas peticiones de este pobre extranjero que pedía entre otras cosas, la décima parte de todas las riquezas que obtuviese en sus viajes; el título de Don y las dignidades de Almirante de la Mar, y Virrey y Gobernador de las Indias. La negativa ante tales demandas fue terminante.

Decepcionado, Colón abandonó Santa Fe, pero poco más tarde fue llamado de vuelta por la Reina. Después de una serie de negociaciones, los monarcas aceptaron la propuesta de Colón, y el 30 de abril de 1492 le concedieron los títulos de Almirante, Virrey y Gobernador de las nuevas tierras que descubriera. Curiosamente, este mismo documento ofreció el perdón a aquellos prisioneros que se alistaran de voluntarios para viajar en dicha expedición.

Así, con una tripulación formada por ciento veinte hombres, el 3 de agosto de 1492, Cristóbal Colón zarpó del puerto de Palos con tres naves: la Niña, al mando de Martín Alonso Pinzón; la Pinta, dirigida por Vicente Yáñez Pinzón; y la Santa María, capitaneada por él mismo.

Durante el viaje hubo varios motines entre la tripulación, pero el 12 de octubre de 1492, cuando la tripulación estaba al punto del desespero, avistaron tierra y desembarcaron al día siguiente en la isla de Guanahaní. El día de Navidad encalló la nave Santa María y con sus restos Colón decidió construir la villa de La Navidad, primer asentamiento de los españoles en el Nuevo Mundo. Aquí dejó 39 hombres y con el resto de la tripulación volvió a Europa.

A su llegada a España en 1493, por orden de los reyes se trasladó a Barcelona, donde lo recibieron en plena corte.

A partir de allí se sucedieron varios viajes. Durante los siguientes diez años, Colón descubriría lo que hoy conocemos como Puerto Rico, Cuba, República Dominicana, Jamaica y Haití. A fines de 1494 descubrió la isla de Trinidad, la costa de Guayana, arribó a la desembocadura del río Orinoco, llegó a la isla Guanaja, en la costa de Honduras, y siguió el litoral por el sur hasta las costas panameñas.

El trabajo de sus enemigos y una enfermedad de gota hicieron que sufriera mucho durante sus últimos años. No obstante, la vida de Cristóbal Colón fue un ejemplo de tenacidad y un verdadero tributo al poder de la motivación. Colón estuvo dispuesto a desafiar las creencias de la época. Su fe en su sueño de encontrar una nueva ruta hacia oriente, la tenacidad con que defendió sus posturas, la persistencia con que buscó ayuda para emprender su loca aventura y el valor con que se lanzó a un mundo desconocido, lo ubicaron en un sitio especial entre aquellos hombres que con su entrega y convicción cambiaron la historia de la humanidad.

¿Qué puedes hacer hoy?

Toma ya mismo la decisión de no darte por vencido, a pesar de las adversidades y obstáculos que puedas encontrar a lo largo del camino. Decide que persistirás hasta lograr tus metas. Es así de sencillo. Todo lo que se requiere es una decisión. Recuerda que el verdadero fracasado es aquel que decidió desistir sin saber cuán cerca se encontraba de lograr su meta.

Uno de los peores enemigos de la persistencia es la indecisión. Después de una caída, es muy común analizar en exceso las razones que pudieron ocasionar dicho fracaso. Entre más tiempo permanezcas en esta zona, más cabida habrá para que la duda entre en tu mente. Cuando experimentes un revés, asegúrate de aprender las lecciones que debas aprender y ponte inmediatamente en movimiento.

capítulo 12

EL SER HUMANO MUERE POR FALTA DE VISIÓN

$\mathcal{L}$os triunfadores son, sobre todo, grandes visionarios. Ellos ven las cosas, no como son en determinado momento, sino como pueden ser. A pesar de haber experimentado grandes caídas, cuando se encontraban en lo que otros juzgaban como la ruina total, no actuaron guiados por sus circunstancias, sino que permitieron que fuera su visión del futuro la que los guiara. Robert Kennedy decía: "Muchas personas ven las cosas tal como son y se preguntan ¿Por qué? Yo las veo como pueden ser, y me pregunto ¿Por qué no?".

Lo que separa a la persona de éxito de los demás, es su capacidad para ver las cosas como pueden llegar a ser. Su visión no está determinada por los problemas o dificultades que puedan experimentar, sino por sus creencias y valores, y su percepción de lo que es posible.

Cuando la persona común y corriente enfrenta un problema, una caída o un obstáculo, generalmente reacciona preguntándose: "¿Por qué a mí?" El emprendedor responde diciendo: "¿Qué puedo aprender de esta situación?". Lo interesante es que la respuesta tanto del uno como del otro no depende de la gravedad de las circunstancias que estén enfrentando sino de su visión y sus creencias.

Visualízalo y podrás lograrlo

Walt Disney fue capaz de realizar todos los proyectos que concebía debido a su capacidad para visualizarlos ya terminados cuando apenas eran una idea en su mente.

Se dice que durante la ceremonia de inauguración de Epcot Center, en la ciudad de Orlando (Florida), cinco años después de su muerte, un reportero se acercó a Roy Disney, hermano de Walt, quien por aquel entonces se encontraba al frente de la corporación y le dijo: "Debe ser un momento difícil para usted; un día de gran alegría pero también de inmensa tristeza al ver que Walt nunca pudo ver culminado este parque, que era uno de sus grandes sueños".

Roy se volvió al reportero y le dijo: "joven, está usted totalmente equivocado. Walt vio culminado este sitio. Y fue precisamente gracias a que él lo vio terminado mucho antes de que se comenzara a construir, que hoy usted y yo lo estamos viendo".

Esta historia ilustra cómo las personas de éxito son conscientes de la importancia de crear una imagen clara de lo que desean alcanzar y de permitir que toda acción que emprendan esté guiada por esa visión.

Helen Keller: Luz en la oscuridad

Helen Keller fue una de esas personas que rehusaron a darse por vencidas, sin importar que tan difíciles fueran las circunstancias que estuviera enfrentando. Durante su vida fue escritora, activista social, conferencista y modelo de tenacidad. Sin embargo, nadie hubiese podido presagiar sus muchos éxitos, dados sus difíciles comienzos.

Cuando contaba con menos de dos años de edad, Helen cayó víctima de una misteriosa fiebre escarlatina. Ésta pasó, pero la niña no volvería a ver u oír por el resto de sus días. Por supuesto, su sordera impidió que desarrollara el habla.

Debido a que, aparentemente, nada podía hacerse por la pequeña, ella vivió casi totalmente incomunicada con el mundo exterior en su mundo de eterna oscuridad. Sin embargo, Helen decidió ir más allá de sus aparentes limitaciones físicas, y supo hacer, de lo que parecían las ruinas de una vida, algo tan hermoso que el mundo no puede sino maravillarse ante esta historia de auto superación y éxito.

En cierta ocasión, un periodista le preguntó: "Helen, ¿hay algo más difícil y penoso para un ser humano que no poder ver?" A lo que Helen respondió: "¡Claro que sí! Es mucho peor poder ver y no tener visión". Helen nunca logró ver, pero su visión logró guiarla a lo largo de toda su vida.

Durante su niñez, su estado daba tanta tristeza, que uno de sus tíos le aconsejó a sus padres que la pusieran en una institución ya que "era obvio que la niña era retrasada mental y además daba pena mirarla". Y era que en 1887 la enseñanza de los ciegos estaba en sus comienzos y, tanto a ellos como a los sordos, todavía se les clasificaba oficialmente como idiotas, y no se creía que hubiera remedio para sus deficiencias. En uno de sus libros, Helen escribiría más tarde: "A los seis años de edad, yo era un fantasma, viviendo en un mundo de tinieblas sin deseos y sin intelecto, guiada solamente por simples instintos animales".

No obstante, cuando Helen contaba con sólo siete años, sus padres tomaron una decisión que cambiaría por siempre la vida de la pequeña. Con la esperanza de ayudarla a lograr cierta independencia, contrataron a Anne Sullivan, una joven profesora graduada del Instituto para la Educación de los Ciegos. Anne, quien era huérfana y había nacido casi ciega, es la otra mitad de esta inspiradora historia de superación personal.

Mientras Anne Sullivan trabajaba con abnegada devoción y firmeza para disciplinar a la niña, al tiempo que trataba de construir una amistad con ella, luchó en vano contra los obstáculos que le impedían a la pequeña captar cualquier imagen o sonido en su mente. Anne solía deletrear el nombre de un objeto en la palma de la mano de Helen y luego le daba el objeto para que ella lo tocara y lo identificara. Sin embargo, estos ejercicios no parecían estar surgiendo ningún efecto. La pequeña no lograba entender la relación entre los objetos que tocaba y lo que deletreaba su maestra en la palma de su mano.

Todo cambió un día de abril cuando en un dramático momento, Helen finalmente entendió que todo lo que se encontraba a su alrededor tenía un nombre. En su autobiografía cuenta con emoción lo que comprendió aquella tarde: "Caminaba junto con Anne por el camino que conducía a un pozo de agua que se encontraba en el jardín. Alguien estaba sacando agua del pozo, y Anne puso mi mano bajo el chorro de agua mientras en la palma de la otra mano deletreaba la palabra A-G-U-A.

De repente toda mi atención estaba en los movimientos de sus dedos en la palma de mi mano.

En aquel momento experimenté un sentimiento indescriptible. Fue como si hubiese encontrado algo ya olvidado. El misterio del lenguaje me fue revelado en aquel instante y entendí que las letras formaban nombres. Supe que la palabra A-G-U-A se refería a esa maravillosa sensación de aquello frío que caía sobre mi mano".

Helen comenzó a aprender alimentada por el entusiasmo que le produjo este descubrimiento. Cuatro meses más tarde ya dominaba 625 palabras. Poco después, aprendió Braile —el lenguaje de los ciegos— y a utilizar la máquina de escribir. Los obstáculos habían sido vencidos. Entusiasmados por la pasión de su hija por aprender y por su obvio progreso, sus padres aprendieron el alfabeto manual y pronto pudieron comenzar a comunicarse con ella.

Poco a poco, con la ayuda de Anne Sullivan, Helen comenzó a crear un nuevo destino. Finalmente había comprendido que podía hacer todo lo que hacían las personas que tenían sus sentidos normales. Tomó clases de lenguaje oral y lectura de labios. Años más tarde Helen supo de otra niña ciega y sorda en Noruega que había logrado aprender a hablar. Desde aquel momento esa se convirtió en su siguiente gran meta.

Con el tiempo, Helen asistió a la universidad. Anne se sentaba a su lado y le deletreaba en la mano las clases y lecciones. Contestaba los exámenes escribiendo las respuestas a máquina. Así alcanzó su meta. Pero no sólo aprendió a hablar inglés, sino que también aprendió francés y alemán. Estudió matemáticas, historia, literatura, astronomía y física. Ella logró descubrir que lo suyo no era una imposibilidad física sino una barrera sicológica, y estaba dispuesta a superarla. Todo esto constituye una historia de heroísmo asombroso.

Mientras luchaba en la universidad para obtener su grado en abierta competencia con los estudiantes *normales*, ideaba proyectos para la enseñanza de los niños ciegos y mudos. Después de graduarse en 1904, su primera preocupación fue cómo usar su preparación para el bien de los demás. Su triunfo sobre la ignorancia fue seguido por un triunfo aún mayor sobre la indiferencia pública por el bienestar de aquellas personas con impedimentos físicos.

Helen Keller dedicó el resto de su vida a luchar por reformas sociales dirigidas a mejorar y cambiar radicalmente la educación de sordos, ciegos y mudos. Ella sabía que el mayor premio por alcanzar una meta era poder ayudar a otras personas a hacer lo mismo.

"Con cuánta pasión deseo que todos aquellos a quienes los afligen los mismos retos que a mí, puedan recibir su herencia de pensamiento, sabiduría y amor", escribiría más tarde en uno de sus libros.

Con la misma determinación que la caracterizaba, decidió aprender a hablar en público. Una labor increíblemente difícil si se tiene en cuenta que el único método de poderlo hacer consistía en percibir por la mano las vibraciones y movimientos de la garganta y los labios de su maestra, y esforzarse en reproducirlos hasta conseguir la emisión correcta de los sonidos correspondientes. Helen recuerda la terrible ocasión en que se atrevió a pronunciar su primer discurso en público, y cómo, a pesar de sus esfuerzos, éste fue un fracaso total. A pesar del golpe tan fuerte que significó hacerlo, ella siguió insistiendo, ensayó una y otra vez, hasta que lo logró.

Desde entonces, continuó dando conferencias en beneficio de los ciegos, tanto en Estados Unidos como en Europa. Esta mujer, en otro tiempo muda, cautivó al mundo con su entusiasmo y entrega y sobre todo con su pasión por la vida. Helen Keller tuvo que vencer dificultades de todo género: físicas, sentimentales, económicas. No obstante, su éxito fue el resultado de haber dirigido sus pensamientos hacia el logro de aquello que otros consideraban como imposibilidades.

¿Qué puedes hacer hoy?

Cierra los ojos por un momento y visualiza dónde desearías encontrarte dentro de diez años. ¿Qué desearías estar haciendo con tu vida? Crea en tu pensamiento el equivalente mental de la realidad física que deseas experimentar. Visualízala en tiempo presente, como si ya fuese una realidad. ¿Qué empresa has empezado? ¿En qué clase de actividades comunitarias participas? ¿Qué clase de actividades desearías disfrutar aún más en compañía de tu familia?

Responde las siguientes preguntas: ¿Si supieras que sólo cuentas con diez años de vida, en qué te gustaría invertir ese tiempo? ¿Cómo quisieras ser recordado? ¿Cuál quieres tú que sea tu legado personal para tu familia, tu comunidad, y el mundo entero?

capítulo 13

El primer día del resto de tu vida

¿Cuál es tu nivel personal de motivación hoy? ¿Tienes claros los motivos que te impulsarán a actuar con decisión en todo momento? Recuerda que todos actuamos impulsados por diferentes motivos. ¿Cuáles son los tuyos? ¿Qué te ha impulsado a empezar tu propio negocio, a cambiar de carrera, a emigrar a otro país, o a dar un vuelco total a tu vida? ¿Qué te inspira para levantarte cada mañana y tomar la decisión de dar el 100% de ti?

¿Quieres convertirte en una persona de acción? Asegúrate que cada una de tus metas incluye una actividad que puedas realizar inmediatamente. Recuerda que cualquier acción o tarea en mejor que no hacer nada. Lo importante es traducir dicha decisión en movimiento. Adopta la regla de las seis horas que mencioné en el primer capítulo: Toda decisión que tomes debe incluir una acción que puedas realizar dentro de las siguientes seis horas a haberla tomado. Si no actúas dentro de este lapso de tiempo, descubrirás que tu entusiasmo y compromiso disminuirá gradualmente hasta desaparecer. No permitas que esto te suceda. ¡Actúa!

¿Qué te va a motivar a actuar? Como has podio observar, algunas de las personas sobre las que leíste en este libro actuaron motivadas por su deseo de sobreponerse a lo que otros veían como limitaciones y obstáculos insuperables. Fue así como Helen Keller pasó de ser una niña ciega, sorda y muda a ser escritora, conferencista y activista social.

Otras encontraron su motivación en el reto de desarrollar algo nuevo, de rehusarse a aceptar lo que hasta ese momento existía como la única opción. Ellas tomaron sus sueños, ideas, hipótesis y teorías; salieron tras ellos y no se detuvieron hasta verlos hechos realidad. Su actitud decidida, su motivación sin límites y su persistencia, le permitieron a personas como Galileo, Edison, Orville y Wilbur Wright, Cristóbal Colón y Bill Gates cambiar el curso de la humanidad con sus descubrimientos e invenciones.

Otros, actuaron motivados por la búsqueda de la justicia social; impulsados por la oportunidad de influir en el modo de pensar de los demás. Algunos, quizá, no habían nacido en medio de familias que gozaran de gran influencia en sus comunidades, pero decidieron enfrentar los riesgos asociados con atreverse a retar las normas establecidas por considerarlas injustas. En un mundo donde la inmensa mayoría de las personas se limita a quejarse o, peor aún, mirar hacia otro lado, ellos decidieron hacer algo al respecto. Fue así como Nelson Mandela y Cesar Chávez dejaron una huella indeleble en la mente de quienes hoy vivimos en un mundo mejor como resultado de su compromiso con sus ideales.

Marie Curie, Ellen Ochoa, Florence Chadwick y Janet González lograron grandes éxitos en campos en los que tradicionalmente no se esperaba o, en ocasiones, no se admitía que una mujer se desempeñara. Su ejemplo ha dejado claro que una mujer decidida puede lograr cualquier cosa que se proponga.

Sin embargo, a pesar de que todas estas personas actuaron impulsadas por diferentes motivos, todas compartieron algo en común: todas identificaron claramente los objetivos que se proponían perseguir, actuaron con prontitud y se rehusaron a darse por vencidas hasta no ver sus metas hechas realidad.

¿Qué les permitió a ellas mantener ese alto nivel de motivación, aún en los momentos más difíciles que debieron enfrentar? Quizás una mejor pregunta es: ¿qué te ayudará a ti a mantener un alto nivel de motivación en tu camino hacia la realización de tus sueños?

Yo he descubierto que, en última instancia, lo que determina nuestro éxito en todos los ámbitos de la vida no es lo que nos suceda, sino cómo respondamos ante lo que nos suceda. Por esta razón creo que un componente esencial de éxito es mantener una actitud positiva. Yo soy un optimista. Pero si he elegido ser positivo y optimista, no ha sido ciega o irracionalmente. Tengo la convicción de que el centro mismo de la naturaleza y de la vida es positivo, optimista y lleno de esperanza.

En su libro Actitud Mental Positiva, Napoleon Hill escribía que tarde o temprano todos descubrimos que llevamos una medalla invisible alrededor del cuello con las iniciales AMP (Actitud Mental Positiva) grabadas en una cara y las iniciales AMN (Actitud Mental Negativa) en la otra. Esta medalla invisible posee dos poderes sorprendentes: tiene la facultad de atraer la riqueza, el éxito, la felicidad y la salud; o tiene la facultad de repeler estas cosas, privándonos de todo aquello que hace que la vida merezca ser vivida.

Es la primera de estas facultades, la actitud positiva, la que permite que algunas personas se eleven hasta la cumbre y permanezcan allí. Y la segunda es la que hace que otras personas se queden en el fondo durante toda su vida; o caigan de la cima, cuando ya la habían alcanzado.

Lee nuevamente las historias de éxito de este fascinante grupo de seres humanos, y esta vez, seguramente verás reflejadas en ellas las palabras, entusiasmo, actitud positiva, convicción, optimismo y motivación. Estoy absolutamente seguro de que su ejemplo te ayudará a diseñar tu propia historia de éxito.